# 自民党

## 価値とリスクのマトリクス

中島岳志

STAND BOOKS

# 自民党　価値とリスクのマトリクス

目次

# はじめに

## 政治家の言葉を読むこと

二〇一八年九月に自民党総裁選挙がありました。対決したのは安倍《あべ》晋三《しんぞう》さんと石破《いしば》茂《しげる》さん。ふたりともおなじみの政治家です。

国民にとっては、安倍さんと石破さんというリーダーが、これからの日本をどうしていきたいのかを知る絶好の機会のはずでした。しかし、総裁選についてのニュースをテレビで目にすると、「〇〇票差で安倍首相が圧勝するだろう」とか、「総裁選後の人事はどうなるのか」とか、「石破氏は安倍首相を後ろから撃つ卑怯者」とか、政局に関する話ばかりで、ふたりの政策やヴィジョンの違いが提示されているかは疑問でした。

これはもちろん、このふたりに限定された話ではありません。自民党内には、日本の舵取りに直接関わる有力議員が多くいますが、彼ら・彼女らが一体、どういう考え方の人物なのかは、日常のニュースを見ているだけでは判然としません。

そこで重要になるのが、国会議員が出版する著書や対談本、あるいは雑誌などに発表した論考、インタビューなどです。そこには自らの見解やヴィジョン、掲げる政策などが書かれています。なぜ政治家になったのか。なぜ特定の政策を推し進めるのかなど、個人的な経験に基づく思いなども綴られています。

しかし、政治家の書いた本は、なかなか売れません。多くのものは、話題になることもなく、あっさりと書店から消えていきます。そして忘れられていきます。

これはもったいない。

出版されたものをしっかりと読み込み、分析し、各政治家の思想的特徴を把握しておくことは、これからの日本の選択を考える際の、重要な指標になるはずです。

私たちは、政治家をキャラやイメージで捉えすぎていないでしょうか。俗人的な人間関係によって、政治の世界を見過ぎていないでしょうか。

この連載では、さまざまな政治家の文章をじっくりと読むことによって、おなじみの政治家たちの理念や構想を把握してゆきたいと思います。特に首相候補に挙げられる与党有力者の分析を積み重ねることで、現在の自民党の特質をあぶり出したいと思っています。

## 政治のマトリクス

政治家の特徴を捉えるために、下の図を用意しました。少し説明しましょう。

政治家は国内政治において、大別すると〈リスク〉（お金）と〈価値〉をめぐる仕事をしています。縦軸（y軸）に「リスクの問題」、横軸（x軸）に「価値の問題」を置いたものです。

私たちは生きていると、様々なリスクに直面します。あまり考えたくないですが、もしかすると明日、突然難病を発症し、これまで従事していた仕事ができなくなるかもしれません。通勤途中に自動車にひ

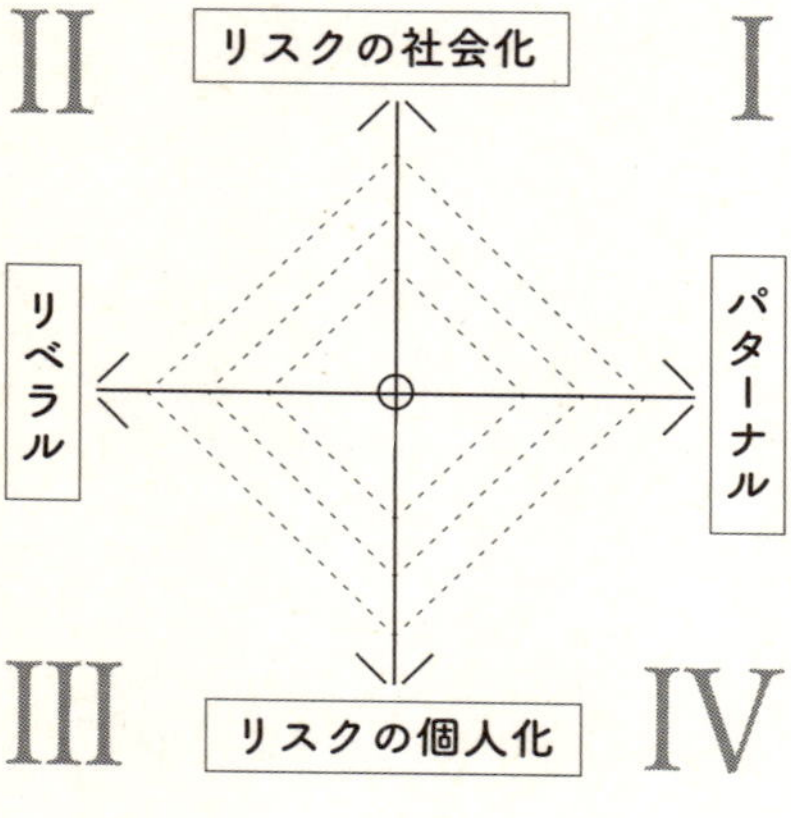

かれてしまい、前日までと同じ生活を送ることができなくなるかもしれません。

「リスクの社会化」とは、様々なリスクに対して、社会全体で対応すべきと考える立場です。政府は様々な国民のリスクに対応するために、セーフティネットの強化を行います。お金に余裕がある世帯から多く税金を取り、低所得者や社会的弱者への再配分を大きくします。そのため、図の上に行けばいくほど、「大きな政府」になっていきます。税金が高い代わりに、行政サービスも充実しているというあり方です。また、市民社会における支援体制も強化します。地震などの大災害の際は、行政サービスだけでなく、市民ボランティアの活動が大きな意味を持ちます。諸外国では寄付金の存在が、社会的弱者の支援に大きな役割を果たしています。「リスクの社会化」とは、行政と市民社会が協調し合って、セーフティネットや再配分体制を強化していくあり方です。

「リスクの個人化」とは、様々なリスクに個人で対応することを基本とする立場です。いわゆる「自己責任型」の社会で、政府は税金を安くするかわりに、あまりサービスを行いません。図の下に行けばいくほど「小さな政府」になっていきます。

一方、政治はお金に還元できない「価値」の問題についても、様々な決定を行っています。例えば、「選択的夫婦別姓を認めるか否か」や「ＬＧＢＴの婚姻に関する権利を保証すべきか否か」などが「価値」の問題にあたり、右に行けばいくほど、権力を持つ者が価値観の問題に対して介入・干渉を強めます。逆に左に行けばいくほど、多様性に対する寛容が強まり、個人の価値観に対する権力的介入が少なくなります。

　このように〈価値〉と〈リスク〉を軸に分類をしていくと、四つのタイプの政治のあり方が浮かび上がってきます。私は政治家を捉える際、「右」／「左」というイデオロギーよりも、Ⅰ～Ⅳの象限で分類することにしています。そのほうが、各政治家のヴィジョンを捉えるには、明らかに有効だからです。

　本書では、現首相および首相候補者と目される自民党政治家を分析し、この図のどのポジションに当てはまるのかを見ていきます。取り上げるのは安倍晋三さん、石破茂さん、菅義偉《すがよしひで》さん、野田聖子《のだせいこ》さん、河野太郎《こうのたろう》さん、岸田文雄《きしだふみお》さん、加藤勝信《かとうかつのぶ》さん、小渕優子《おぶちゆうこ》さん、小泉進次郎《こいずみしんじろう》さんの九人です。この有力政治家たちを丁寧に分析することで、今後の自公政権がいかなる方向性で展開されるのかを見ていきたいと思います。また、これに対抗する野党はいかなるヴィジョンを打ち出すべきかも考えていきたいと思います。

# 〈1〉安倍晋三

## アンチ・リベラルと親米

# 安倍《あべ》晋三《しんぞう》

衆議院議員。自民党。山口県第4区。当選9回。1954年9月21日生まれ。東京都出身。血液型B型。

1977年、成蹊大学法学部政治学科卒業。1979年、株式会社神戸製鋼所入社。1982年、安倍晋太郎外務大臣秘書官。1993年、衆議院議員初当選。2000年、内閣官房副長官。2003年、自由民主党幹事長、自民党拉致問題対策本部長。2004年、自由民主党幹事長代理兼拉致問題対策本部長兼党改革実行本部長。2005年、内閣官房長官（第3次小泉改造内閣）。2006年、第90代内閣総理大臣。2012年、自民党政権構想会議議長兼国家戦略本部長兼東日本大震災復興加速化本部長、第96代内閣総理大臣。2014年、第97代内閣総理大臣。2017年、第98代内閣総理大臣。

2018年10月30日、官邸に入る

## 安倍晋三という政治家の「地金」

史上最長の首相在位期間が射程に入ってきた安倍晋三総理大臣。肯定的な評価と否定的な評価に真っぷたつに分かれる人物ですが、どのようなヴィジョンや政策、特徴を持った政治家なのか、私たちははっきりとつかみ切れていないのではないでしょうか。

現役総理の著書をじっくり読むことで検証してみたいと思います。

安倍さんが著者として出している書籍は、共著を含めると基本的に以下の七冊です。

①『「保守革命」宣言――アンチ・リベラルへの選択』栗本慎一郎《くりもとしんいちろう》、衛藤晟一《えとうせいいち》との共著　一九九六年十月、現代書林

②『この国を守る決意』岡崎久彦《おかざきひさひこ》との共著　二〇〇四年一月、扶桑社

③『安倍晋三対論集 日本を語る』二〇〇六年四月、ＰＨＰ研究所

④『美しい国へ』二〇〇六年七月、文春新書

⑤『新しい国へ――美しい国へ 完全版』二〇一三年一月、文春新書

⑥『日本よ、世界の真ん中で咲き誇れ』百田尚樹《ひゃくたなおき》との共著　二〇一三年十二月、ワック
⑦『日本の決意』二〇一四年四月、新潮社

このうち実質的な単著は『美しい国へ』の一冊です。『新しい国へ』はその増補版。『「保守革命」宣言』は共著。『この国を守る決意』、『日本を語る』、『日本よ、世界の真ん中で咲き誇れ』は対談本。『日本の決意』は総理大臣としてのスピーチ集なので、必ずしも本人が書いた原稿ではないでしょう。

石破茂さん（第2章）や野田聖子さん（第4章）に比べて、安倍さんは著書の少ない政治家であり、その著書も第一次安倍内閣以前に出版されたものが大半です。かつ、主著である『美しい国』も、過去の本などからのコピペに近い部分が散見されます。

そのため、ここでは比較的若い時期に、率直な意見を述べている『「保守革命」宣言』、『この国を守る決意』を中心に見ていくことで、安倍晋三という政治家の「地金《じがね》」の部分を明らかにしたいと思います。

## 議員生活は歴史認識問題からスタート

安倍さんが初当選したのは一九九三年の衆議院選挙です。この時、自民党は大転換期を迎えていました。

戦後最大の贈収賄事件であるリクルート事件などがあり、宮澤喜一《みやざわきいち》内閣は政治改革の激流に飲み込まれていました。しかし、宮澤首相は小選挙区の導入などに消極的な態度を示したため、内閣不信任案が提出されます。これに同調したのが、竹下派から分裂した小沢《おざわ》一郎《いちろう》さんや羽田孜《はたつとむ》さんらのグループ（改革フォーラム21）でした。六月十八日に衆議院が解散され、総選挙の結果、八月九日に野党勢力が結集する細川護熙《ほそかわもりひろ》内閣が成立することになります。その五日前には、慰安婦問題について謝罪と反省を述べた「河野談話」が出されています。これが宮沢内閣の実質的な最後の仕事になりました。

安倍さんはいきなり野党の政治家としてキャリアをスタートさせます。そして、このことが安倍晋三という政治家を考える際、重要な意味を持ちます。

安倍さんは、この当時、自民党のあり方に疑問を持ったそうです。本当に自民党は保守政党なのか。保守としての役割を果たせているのか。そもそも保守とはなんなのか（『「保守革命」宣言』）。この思いが、野党政治家として〈保守政党として自民党の再生〉というテーマに向かっていくことになりました。

さて、非自民政権として発足した細川内閣ですが、組閣からまもなくの記者会見で、細川首相が「大東亜戦争」について「私自身は侵略戦争であった、間違った戦争であったと認識している」と述べました。これに野党・自民党の一部は反発します。八月二十三日に党内に「歴史・検討委員会」が設置され、次のような「趣旨」を掲げました。

細川首相の「侵略戦争」発言や、連立政権の「戦争責任の謝罪表明」の意図等に見る如く、戦争に対する反省の名のもとに、一方的な、自虐的な史観の横行は看過できない。われわれは、公正な史実に基づく日本人自身の歴史観の確立が緊急の課題と確信する。

（歴史・検討委員会編『大東亜戦争の総括』一九九五年、展転社）

彼らは、日本の歴史認識について「占領政策と左翼偏向の歴史教育」によって不当に歪められていると主張します。こんなことでは子どもたちが自国の歴史に誇りを持つことができない。戦後の教育は「間違っていると言わなければならない」。「一方的に日本を断罪し、自虐的な歴史認識を押しつけるに至っては、犯罪的行為と言っても過言ではない」。そんな思いが血気盛んに語られました（前掲書）。

新人議員の安倍さんは、この委員会に参加し、やがて右派的な歴史認識を鼓舞する若手議員として頭角を現します。

## 「日本の前途と歴史教育を考える若手議員の会」事務局長に

一九九七年には中川昭一《なかがわしょういち》さんが代表を務める「日本の前途と歴史教育を考える若手議員の会」が発足し、安倍さんは事務局長に就任しました。

この会の記録が書籍となって残されていますが、そこでは歴史教科書問題や慰安婦問題などをめぐって、官僚やリベラル派の政治家、左派的知識人に対する激しい批判が繰り返されています。

安倍さんの発言（登壇者への質問）を読んでいくと、その大半は慰安婦問題を歴史教科書に掲載することへの批判にあてられています。安倍さんの歴史教育についての思いは、次の言葉に集約されています。

私は、小中学校の歴史教育のあるべき姿は、自身が生まれた郷土と国家に、その文化と歴史に、共感と健全な自負を持てるということだと思います。日本の前途を託す若者への歴史教育は、作られた、ねじ曲げられた逸聞を教える教育であってはならないという信念から、今後の活動に尽力してゆきたいと決意致します。

（日本の前途と歴史教育を考える若手議員の会編『歴史教科書への疑問——若手国会議員による歴史教科書問題の総括』一九九七年、展転社）

小学校・中学校では、自国に対する誇りを醸成する教育をしなければならない。まずは、健全な愛国心を養う教育をしなければならない。左翼によって曲解され、捻じ曲げられた歴史観を教えてはならない。そう強く訴えます。

安倍さんは例えとして、子ども向けの偉人の伝記を取り上げます。小学生を対象に書かれた偉人伝には、その人物の立派な側面ばかりが綴られています。しかし、実際の人物は様々なネガティブな側面を持っています。酒に溺れたり、家庭の外に愛人をつくったり。この負の部分をどのように伝えるべきか。

安倍さんは「私もこういう素晴らしい人間になりたいなと思わせる気持ちを育成するということが大切」なので、まずは立派な部分だけを教えればよいと言います。負の部分を教えると「極めてひねくれた子供が出来上がっていく」のでよくない。人間は複雑な側面を持っているということがよくわかってきた段階で、負の側面を教えればよいので、歴史教育については小学校・中学校・高校と大学のような場所では「それなりに教える内容とか態度が違って（中略）いいんじゃないか」と続けます（前掲書）。

だから、慰安婦問題は歴史教科書で教える必要はない。自国への誇りを持たせるための教育段階では、教科書に掲載する必要などない。

社会問題になっているから掲載するというのであれば『援助交際』を載せるつもりがあるのかどうか」（前掲書）。性暴力の問題を教えるべきというのであれば、痴漢行為を行って捕まった「ある新聞のある論説主幹」の性暴力はどうなるのか。こちらのほうが性暴力の本質なのではないのか（前掲書）。そう主張します。

さらに元慰安婦の証言には「明らかに嘘をついている人たちがかなり多くいる」と言及

し、長年沈黙を続けてきたことへの疑問を述べたうえで、次のように発言しています。

もしそれが儒教的な中で五十年間黙っていざるを得なかったという、本当にそういう社会なのかどうかと。実態は韓国にはキーセン・ハウスがあって、そういうことをたくさんの人たちが日常どんどんやっているわけですね。ですから、それはとんでもない行為ではなくて、かなり生活の中に溶け込んでいるのではないかとすら私は思っているんです（略）。（前掲書）

そして、慰安婦問題を追及する左派知識人への反発を述べます。

## アンチ左翼、アンチ・リベラル

安倍さんの最大の特徴は、「左翼」や「リベラル」に対する敵意を明確に示すところです。最初の著作である『「保守革命」宣言』では、日本の「リベラル」はヨーロッパ型ではなく、アメリカ型であるとしたうえで、それは「社会主義」に極めて近いかたちの「福祉主義」であり、進歩主義と親和的であると言います。また、村山富市《むらやまとみいち》内閣の「人にやさしい政治」はこの「リベラル」に当たると述べたうえで、自分の「保守」は「曖昧な「リベラル」的ムードに、明確に「否」と意思表示していく立場」であると規定します（『「保守革命」宣言』）。『「保守革命」宣言』のサブタイトルは、「アンチ・リベラルへの選択」です。

安倍さんは政治家になりたての頃、保守思想家・西部邁《にしべすすむ》さんの保守の定義に「一番共鳴」したようですが（前掲書）、そもそもは保守への思想的関心よりも、アンチ左翼という思いが先行していたと率直に述べています。

私が保守主義に傾いていったというのは、スタートは「保守主義」そのものに魅かれるというよりも、むしろ「進歩派」「革新」と呼ばれた人達のうさん臭さに反発したということでしかなかったわけです。（前掲書）

安倍さんの左翼批判は加速していきます。首相就任を二年後に控えた二〇〇四年の対談本『この国を守る決意』では、露骨な左翼批判が繰り返されます。

安倍さんによると、左派の人たちは「全く論理的でない主張をする勢力」であり、「戦後の空気」のなかにあると言います（『この国を守る決意』）。

そうした人々は、例えば自国のことでありながら、日本が安全保障体制を確立しようとするとそれを阻止しようとしたり、また日本の歴史観を貶めたり、誇りを持たせないようにする行動に出ます。一方で、日本と敵対している国に対しての強いシンパシーを送ったり、そうした国の人々に日本政府に訴訟を起こすようにたきつけたり、いろいろなところでそういう運動が展開されています。（前掲書）

安倍さんは、自民党議員の一部も「戦後の空気」に感染していると指摘し、いら立ちをあらわにします。拉致問題をめぐっては「情」よりも、核問題に対処する「知」を優先すべきだという議論が党内から出てきたのに対し、「これはおかしいと思って、私はあらゆるテレビや講演を通じて、また国会の答弁などで徹底的に論破しました」と語っています（前掲書）。

ここで「論破」という言葉を使っているのが、安倍晋三という政治家の特徴をよく表していると言えるでしょう。相手の見解に耳を傾けながら丁寧に合意形成を進めるのではなく、自らの正しさに基づいて「論破」することに価値を見出しているというのがわかります。しかも、その相手は同じ自民党のメンバーです。

安倍さんは次のようにも言います。

戦後の外交安全保障の議論を現在検証すると、いわゆる良心的、進歩的、リベラルという言葉で粉飾した左翼の論者が、いかにいいかげんで間違っていたかがわかります。議論としては勝負あったということなのですが、いまだに政界やマスコミでスタイルを変えながら影響力を維持しています。（前掲書）

このような一方的な勝利宣言をしたものの、不満はおさまりません。自分たちは正しく、左翼が間違えていることが明確にもかかわらず、自分たちのほうが少数派で、「ちょっと変わった人たち」とされてきたことに納得がいかないと言います（前掲書）。

安倍さんが、アンチ左翼の標的とするのが、朝日新聞と日教組（日本教職員組合）です。

彼は初当選時から、マスコミに対する強い不信感を示しています。『「保守革命」宣言』

では一九九三年選挙において「日本新党や当時の新生党にマスコミは明らかな風を送りましたよね」と言及し、「自民党は倒すべき相手」とみなされていると指摘します（『「保守革命」宣言』）。小選挙区比例代表並立制では五〇％の得票が必要になるため、マスコミを通じて多くの人に知ってもらう必要があり、「マスコミの権力というのはますます大きくなっていく」と警戒しています（前掲書）。

安倍さんは、繰り返し朝日新聞を目の敵にし、強い言葉で攻撃していきます。例えば、日本人の対アメリカ認識について、「国民を誤解するようにしむけている勢力」が存在していると指摘し、朝日新聞をやり玉に挙げています（『この国を守る決意』）。

また、日本人の教育が歪められているのは日教組の責任が大きいとして、警戒心を喚起します。村山内閣以降、自民党のなかにも日教組と交流する議員が出てきたものの、融和ムードは禁物で、「日教組に対する甘い見方を排したほうがいいと思います」と述べます。日教組は文部省とも接近することで「隠れ蓑」を手に入れ、「地方では過激な運動を展開しているというのが現実」と言います（前掲書）。

## 靖国参拝は国家観の根本

安倍さんの具体的政策についてですが、首相就任以前の提言は、歴史認識や外交・安全保障の分野に集中しています。

まず力説するのが、靖国神社への首相参拝の正当性です。この問題はすでに中曽根内閣の時に決着済みで、公式参拝というかたちをとらなければ合憲という見解を強調します。

安倍さんは言います。

靖国神社参拝を直接、軍国主義と結びつけるというのは全く見当外れな意見と言えましょう。ですから総理が自然なお気持ちで参拝をされる、そしてそれを静かに国民も見守るということが、最も正しい姿だろうと思うのです。（前掲書）

安倍さんが靖国神社参拝にこだわるのは、そこに重要な国家観が集約されていると考えるからです。国家は命を投げうってでも守ろうとする国民がいなければ成立しない。だとすれば、国のために命を捨てた人の顕彰がなければ、国家は成り立たない。そう説きます。

靖国神社の問題は、常に国家の問題を考えさせられます。私たちの自由など、さまざまな権利を担保するものは最終的には国家です。国家が存続するためには、時として身の危険を冒してでも、命を投げうってでも守ろうとする人がいない限り、国家は成り立ちません。その人の歩みを顕彰することを国家が放棄したら、誰が国のために汗や血を流すかということですね。（前掲書）

## 日米安保強化を一貫して強調

外交・安全保障については、当初から一貫して「日米基軸」を強調し、日米安保の強化を説いています（『「保守革命」宣言』）。ちなみに安倍さんが大きな影響を受けたという西部邁さんは、一貫した日米安保反対論者でした。

安倍さんはアジア主義への警戒を強調します。

われわれはアジアの一員であるというそういう過度な思い入れは、むしろ政策的には、致命的な間違いを引き起こしかねない危険な火種でもあるということです。（前掲書）

日本は「欧米との方が、慣習的には分かり合える部分があるのかもしれない」。かつて岡倉天心が『東洋の理想』で説いた「アジアは一つ」という観念は、排除するべきであると主張します（前掲書）。

安倍さんが言及するのは、中国やベトナム、北朝鮮など共産主義国との価値観の違いです。同じアジアといっても国家体制が違いすぎる。価値の体系も違いすぎる。そのような国とは、やはり距離をとるべきだというのが主張の中心にあります。

この観点から、アジアに「マルチな対話機構」もしくは「集団安保機構」をつくって安全を確保すべきという意見に強く反発します。これは「絶対に不可能」と断言し、アメリカが最も重要であることを繰り返し確認します（前掲書）。

安倍さんは当選当初から、集団的自衛権を認めるべきとの見解を示していました。「現行憲法のもとで後方支援の範囲内での行動の前提となる集団的自衛権くらいは、せめて認めなければならない」とし、憲法改正以前の問題だと論じています（前掲書）。このような信念があったからこそ、のちに憲法九条の改正をせずに安保法制の整備を進めたのでしょう。ただし、安倍さんが改憲に消極的だったというわけではありません。「憲法を不磨の大典のごとく祀りあげて指一本触れてはいけない、というのは一種のマインドコントロール」と述べ、次のように言います。

私は、三つの理由で憲法を改正すべきと考えています。まず現行憲法は、ＧＨＱが短期間で書きあげ、それを日本に押し付けたものであること、次に昭和から平成へ、二十世紀から二十一世紀へと時は移り、九条等、現実にそぐわない条文もあります。そして第三には、新しい時代にふさわしい新しい憲法を私たちの手で作ろうというクリエイティブな精神によってこそ、われわれは未来を切り拓いていくことができると思うからです。（『この国を守る決意』）

親米派の安倍さんは、イラク戦争についてもアメリカを支持。自衛隊派遣についても民主制を定着させるという「大義」と石油確保という「国益」のために、積極的に進めるべきとの立場をとりました（前掲書）。

安倍さんの親米という姿勢は揺らぎません。

「世界の中の日米同盟」とは日米安保条約による日米のこの絆、同盟関係を世界のあらゆる場面で生かしていくということです。米国との力強い同盟関係を、世界で日本の国益実現のテコとするということでもあり、国際社会の協力構築にも資することになります。（前掲書）

ただ、沖縄の基地負担については、しっかりと対策を講じなければならないと言及します。沖縄の基地は「可能な限り減らしていく」ことに尽力すべきであり、「沖縄に過度に基地が集中しているという現実には、やはりわれわれ政治家は、正面から向き合わなければならないと思います」と述べています（『「保守革命」宣言』）。

この点、沖縄県知事と対立し、辺野古移設を進める現在の安倍首相はどのように過去の発言を振り返るのでしょうか？　おそらく辺野古移設こそが普天間基地の返還の唯一の方法であり、沖縄の負担軽減になると主張するのだと思いますが、沖縄の理解が得られていないというのが、玉城《たまき》デニーさんが八万票以上の大差で勝利した二〇一八年の沖縄県知事選挙の結果なのでしょう。

## 政治家は結果責任をとることで免罪される

安倍さんが繰り返し語る思い出話に、祖父・岸信介《きしのぶすけ》とのエピソードがあります。六〇年安保当時、首相だった祖父に馬乗りになりながら、デモ隊のまねをして「アンポハンターイ」と言うと、父・安倍晋太郎《あべしんたろう》に叱られたというエピソードはよく知られています。

私が注目したいのは、岸が安保条約を通すために、安保条約に厳しい態度をとっていた大野伴睦《おおのばんぼく》の賛成を得ようとして「次の政権を大野氏に譲る」という趣旨の念書を書いたという話です。この点について、親族のひとりが岸に尋ねたところ、「たしか、書いたなあ」と答えたといいます。しかし、大野への首相禅譲《ぜんじょう》はなされませんでした。要は約束を反故《ほご》にしたのです。

親族が「それはひどいんじゃないの」と言うと、「ひどいかもしれないが、あの念書を書かなければ安保条約はどうなっていたかな」と言ったといいます（『この国を守る決意』）。

このエピソードを踏まえて、安倍さんは次のように言います。


私はその後、読んだマックス・ウェーバーの『職業としての政治』で、「祖父の決断はやむを得なかった」との結論に至りました。祖父の判断は、心情倫理としては問題があります。しかし、責任倫理としては、「吉田安全保障条約を改定する」という課題を見事に成就しています。とくに政治家は、結果責任が問われます。政治家は、国益を損なうことなく、そのせめぎ合いのなかでどう決断を下していくか——ということだろうと思います。（前掲書）

このエピソードは『「保守革命」宣言』でも述べられており、安倍晋三という政治家の重要な指針になっているようです。

首相在任中の安倍さんの言葉については、その場しのぎのごまかしや不誠実さが目立つと指摘されます。しかし、安倍首相は動じていないでしょう。彼は祖父・岸信介の態度を継承しながら、心情倫理として問題があっても、結果責任をとることで免罪されると考えているのですから。

安倍首相の行動原理の「根」の部分には、岸の政治姿勢の継承という側面があると言えます。

## 日本型ネオコン勢力の権力奪取

さて、安倍さんの行政に対する姿勢や経済政策を見てみましょう。一九九六年に出版された『「保守革命」宣言』では、「徹底した行革が必要だと思いますね」と述べ、徹底した民営化を進めていくべきだとの立場を示します。特に公務員削減を徹底すべきと強調し、十年間で半減を実現すべきと説きます。

実は、『「保守革命」宣言』、『この国を守る決意』において述べられている行政政策は、これだけです。経済政策については、まったく言及がありません。

社会保障政策についての言及が見られるのは、首相就任が目前に迫った二〇〇六年の著作（『日本を語る』、『美しい国へ』）以降です。それ以前は、繰り返しになりますが歴史認識問題や外交・安全保障問題に集中しています。

このバランスの悪さも、安倍さんの特徴ということができるでしょう。

ここまで、安倍さんの政治家としての「地金」を見てきました。

安倍さんの本来の関心は、横軸（価値の問題）に集中しています。そして、その姿勢は本人が言及するように「アンチ・リベラル」です。

わずかに語られる縦軸については、「徹底した行革」を強調していることから、「リスクの個人化」を志向していることがわかります。首相就任が迫る頃（二〇〇六年）になると、小泉構造改革の影響から格差・貧困問題が社会現象となり、政治家の多くが対応策を示すことを迫られました。安倍さんは「再チャレンジ」という概念を打ち出して、構造改革・新自由主義路線を評価しながら、貧困問題をフォローすべきとの立場を打ち出すことになりますが、小泉改革への支持と継承という路線は揺らぎませんでした。「アベノミクス」というリフレ（通貨再膨張）的経済政策が出てくるのは、一度、首相の座から降り、民主党政権（二〇〇九～二〇一二年）を経験したあとの話です。

よって、安倍さんはⅣのタイプの政治家であると位置づけることができるでしょう。小《こ》泉《いずみ》純一郎《じゅんいちろう》さんは横軸にはあまり関心がなく、縦軸における「リスクの個人化」を進めることに強い関心があった政治家です。そのあとを継いだ安倍さんは、タイプがまったく異なり、横軸に強い関心を示した政治家でした。

このふたりの路線が合流した時、日本型ネオコン（新保守主義）勢力としてのⅣがヘゲモニーを握ることになったのです。

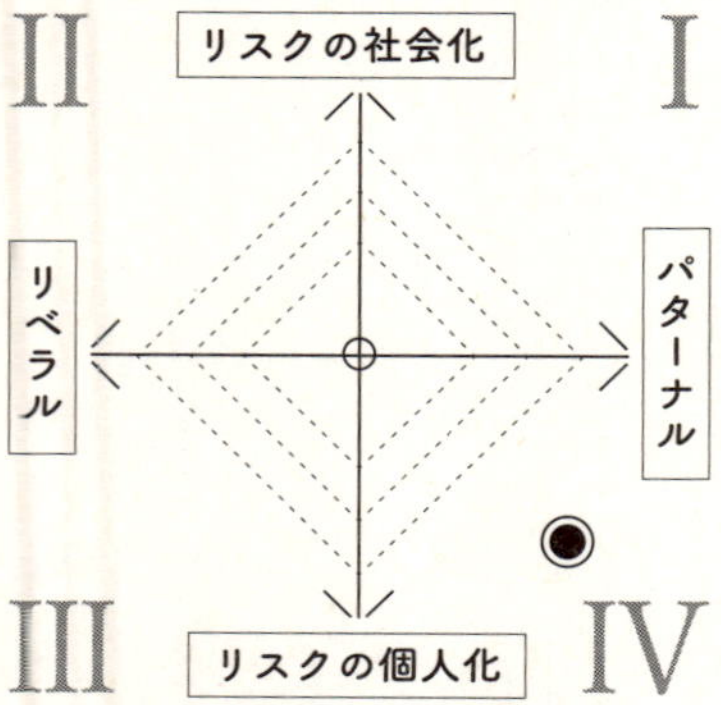


◎本来の関心は価値の問題に集中
◎アンチ・リベラル。一貫して日米安保強化
◎徹底した行革。「リスクの個人化」を志向

〈2〉

自立と持続可能性

# 石破 茂

# 石破《いしば》茂《しげる》

衆議院議員。自民党。鳥取県第1区。当選11回。1957年2月4日生まれ。鳥取県八頭《やず》郡八頭町郡家《こおげ》出身。血液型B型。

1979年、慶應義塾大学法学部法律学科卒業、株式会社三井銀行入行。1986年、衆議院議員初当選。1992年、農林水産政務次官。1996年、衆議院規制緩和特別委員長。1998年、衆議院運輸委員長。2000年、農林水産総括政務次官、防衛総括政務次官。2001年、防衛庁副長官。2002年、防衛庁長官。2007年、防衛大臣（福田内閣）。2008年、農林水産大臣（麻生内閣）。2009年、自由民主党政務調査会長。2012年、自由民主党幹事長。2014年、地方創生・国家戦略特別区域担当大臣（第2次安倍改造内閣）。

2018年8月10日、東京・永田町

## 政界トップクラスの著作数

第2章で取り上げるのは、安倍さんと二〇一八年の総裁選挙を戦った石破茂さんです。石破さんは、かつて防衛庁長官・防衛大臣を長く務めていたため、「防衛・安全保障」の専門家というイメージが定着しています。彼が憲法九条の改正論者であることは、ある程度知られていると思いますが、それ以外の政策やヴィジョンとなると、あまりよく知らないというのが実情ではないでしょうか。そもそも石破さんは農林水産大臣も務めたことのある農水族です。また、第二次安倍内閣で地方創生担当大臣を務めたことから、近年は地方の活性化問題についての発言が多くなっています。

そんな石破さんですが、国会議員としてはかなり多くの著書・対談本を出している議員と言えます。ざっと私の本棚を見てみても単著九冊、対談本・共著が九冊あります。私が買いそびれている本もあるかもしれません。これだけの量の本を出しているのは、政界でトップクラスといえるでしょう。

【単著】

①『職業政治の復権――混迷からの脱出 それは無党派層がめざめるとき』一九九五年、サンドケー出版局

②『国防』二〇〇五年、新潮社

③『国防入門』漫画・原望《はらのぞみ》 二〇〇七年、あおば出版

④『国難――政治に幻想はいらない』二〇一二年、新潮社

⑤『真・政治力』二〇一三年、ワニブックス

⑥『日本を、取り戻す。憲法を、取り戻す。』二〇一三年、PHP研究所

⑦『日本人のための「集団的自衛権」入門』二〇一四年、新潮新書

⑧『日本列島創生論』二〇一七年、新潮新書

⑨『政策至上主義』二〇一八年、新潮新書

【対談本・共著】

⑩『坐シテ死セズ』西尾《にしお》幹二《かんじ》との共著 二〇〇三年、恒文社21

⑪『軍事を知らずして平和を語るな』清谷信一《きよたにしんいち》との共著 二〇〇六年、KKベストセラーズ

⑫『国防の論点――日本人が知らない本当の国家危機』森本敏《もりもとさとし》、長島昭久《ながしまあきひさ》との共著 二〇〇七年、

PHP研究所

⑬『日本の戦争と平和』小川和久《おがわかずひさ》との共著　二〇〇九年、ビジネス社

⑭『こんな日本をつくりたい』宇《う》野《の》常寛《つねひろ》との共著　二〇一二年、太田出版

⑮『国防軍とは何か』森本敏、西修《にしおさむ》との共著　二〇一三年、幻冬舎ルネッサンス新書

⑯『どうする？どうなる？ニッポンの大問題』弘兼憲史《ひろかねけんし》との共著　二〇一七年、ワニブックス

⑰『石破茂と水月會の日本創生』二〇一八年、水月會《すいげつかい》との共著　新講社

【評論】

⑱『石破茂の「頭の中」』鈴木《すずき》哲夫《てつお》著　二〇一八年、ブックマン社

このなかで、石破さんの考え方全般を知るには、『こんな日本をつくりたい』がおすすめです。評論家の宇野常寛さんの多方面からの問いに対して、石破さんが率直に自らの理念や立場を語っています。

石破さんの安全保障論は、『日本人のための「集団的自衛権」入門』がコンパクトにまとまっています。地方創生の具体的施策については『日本列島創生論』が読みやすく、石破さんの政治家としての歩みを知るためには鈴木哲夫『石破茂の「頭の中」』が適しています。

## 「小さな政府」を志向、自立と持続可能性

石破茂という政治家を捉える際に重要なポイントは、かなり明確に「小さな政府」を志向している点です。石破さんは次のような信念を、繰り返し語っています。

あくまで基本は「個の自立」であり、「自助」が基本です。それを補うのが共同体の中で助け合う「共助」、それでもカバーできないものが税金を使う「公助」であって、その逆はあり得ない。なんでもかんでも「公助」では、やがて国家そのものが成り立たなくなってしまうと思っているわけです。

（『こんな日本をつくりたい』）

また近年は、「自立精神旺盛で、持続的に発展する国づくり」というスローガンを掲げ、公的サービスに依存しない「個の自立」の重要性を説いています。自らが国会議員であるのは、このスローガンを実現することにこそあると語っており、石破さんの強い信念であることが窺えます（『政策至上主義』）。

石破さんが高い評価を与えるのが、小泉純一郎内閣です。小泉さんは一貫した信念を持って郵政民営化に突き進み、それを実行した姿勢が国民に評価されたと見ています。そして、自由化した日本の確立のために、もっと長く首相を務めるべきだったという見解を示しています（前掲書）。石破さんは、「国は余計なことをするな」と言い、規制緩和を中心とした自由化を称揚します。

過度な介入は、結果として経済を疲弊させます。政府は規制緩和、税制改革、公正な貿易ルールづくりなど、環境整備に徹すべきです。（前掲書）

経済成長が続く右肩上がりの時代が終わった今、日本は「選択と集中の論理」をとり、政府の支出を抑制する必要があると言います。そして、徹底して自由化の論理を推し進め、国際競争力を持った国のあり方にシフトしなければならないと説きます。

石破さんは、農業に対しても国際競争力の強化を求めます。日本農業はもっと国際市場に打って出るべきであり、品質の高い農作物を世界に売ることで、農業所得を増やすべきであると言います。この観点から、ＴＰＰ（環太平洋パートナーシップ）に賛成の姿勢をとります。「関税は即座にすべて撤廃、例外は一切認めない」という極論には断固として立ち向かうべきとしながらも、基本的にはＴＰＰを成立させることで競争力を高めようというのが、石破さんの考えです。

条件が不利な地域の農業には、直接所得補償などきめ細かな手当てをすべきとしつつ、基調は「やる気のある人」に農地と資金を集中的に提供し、農協には経営者意識を高めさせるという改革を志向しています。

では、「小さな政府」路線によってセーフティネットからこぼれ落ちてしまう人たちを、どう見ているのでしょうか？

ここでも「自助努力」や「個の自立」を基本とする人間観が、政策構想に強く反映されます。石破さんは生活保護政策について、次のように述べています。

生活保護は国家の義務として、日本国民に最低限の生活を保障する、というものです。もし、すべての社会保障を生活保護型、つまり「生きているだけで給付金を出す」というようなかたちにしてしまえば、自分のことは自分でがんばるんだ、と思って一生懸命やっている方々と、どうせ国が何とかしてくれる、と他力をアテにして何もしない

人々に差がなくなってしまう。そういう制度は良いものではないと思います。（前掲書）

生活保護政策は基本を現物支給とすべきで、金銭的補助をする際も、用途別クーポン券の支給を導入すべきであると言います。なぜかといえば「遊興費なんかに使われたらたまらない、というのが普通の国民の感覚」だからだと主張します。

「自立」と並ぶ石破さんのもうひとつのキーワードは「持続可能性」（サステナビリティ）です。石破さんの主張には、これまでの社会体制や政策を続けていれば、日本は破綻してしまうという強い危機意識がにじみ出ています。持続可能な日本社会にするには、行政サービスの「集中と選択」を推し進めざるを得ず、また国民に負担増を要求する必要も出てくると考えています。

石破さんが見直すべきと考えているのが、年金のあり方です。ここで強調されるのが、年金は「贈与」ではなく「保険」だという視点です。

都心に土地を持ち収入もあるような富裕層が、年金ももらい、公共交通機関を無料や格安料金で利用する。年金には手をつけず貯金して、相続で子どもに引き継がれる。

これでは格差が拡がる一方です。

本来、医療も、年金も、介護も、病気や高齢になって、資産も収入もなくなった時のための「保険」だったはずです。

病気になった時のための保険が医療保険。

体が不自由になり、収入も資産もない方のための保険が介護保険。

年齢を重ね、収入も資産もない方のための保険が年金。

しかし現実には、体は不自由になったが不動産収入はある、年をとったが十分な貯金がある、病気になったが収入は安定している。

そうした「リスクを回避できた人」も、それぞれの保険をもらっているという実情があります。

危機を回避できた人まで、なぜ保険をもらわなければいけないのでしょうか。

（『真・政治力』）

「リスクを回避できた人」には年金の支給をせず、生活が立ちゆかなくなった人に対してのみ、保険としての年金を支給する。これが持続可能な年金制度だと言います。

一方、石破さんが強化すべきと主張するのが、現役世代（特に若者）に対する再配分です。彼はしきりに「若者を金持ちにしよう！」と言います。

年々、若者は減少し、高齢者は増加しています。しかし、重要なことは「働いている人」が「働かなくなった人」を支えるという構造で、一人で一・〇五人を支えるという割合は一九七〇年代からあまり変わっていません。問題は「働いている人」がしっかりと稼ぐことができる体制をつくることにあり、現役世代（特に若者）が豊かになることで、社会が安定するというのが石破さんの考えです。

そのため、保育園の拡充を熱心に説いており、早くから保育士の待遇改善の必要性を述べています。社会福祉の重点を若者世代にシフトしていくことが、高齢者世代を支えることにつながるという構想です。

## アベノミクスへの懐疑

アベノミクスに対しては、懐疑的な見方を繰り返し述べています。アベノミクスによってデフレ状況から各種指標を大幅に改善してきたことは評価すべきとする一方で、全体の売り上げは伸びておらず、賃金も上がっていないため、問題があると言います。また、有効求人倍率が上がったといっても、団塊の世代が大量にリタイアしたことで構造的な人手不足が生じているというのが実態と見ています。

国民の多くは「景気回復の実感がない」と答え、アベノミクスに半信半疑の状態が続いています。ここを改善するにはどうすべきか。

石破さんは、日本の産業構造に注目します。「日本のGDPの七割、雇用の八割を占めているのは、ローカルの中小零細企業」です（『政策至上主義』）。日本では上場企業以外で働く人が大多数であるため、ここに届く経済政策をとらなければ、国民全体の実感につながりません。

そこで注目するのが地方の存在です。

我が国には自然条件に恵まれた地方都市・住宅地があり、農林水産業、観光業などのサービス業、地域の建設業などがあります。ここにこそ、あらゆる可能性、多くの伸びしろ、新産業やニッチ産業のシーズ（種《たね》）があります。

このローカル産業、つまり地方の成長が、これからの日本全体の経済成長を支えるのです。

（中略）地方の所得が増えて、地方から中央への人口流出が止まり、人口が増加に転じる。そこに活路を見出す。いろいろ考えましたが、これが私の結論の一つです。

（前掲書）

一方、石破さんは財政再建にも積極的に取り組まなければならないことを強調します。「国債」という名の借金を重ねることは、すでに限界に達しています。次世代への負担をこれ以上残さず、未来の自由度を確保するためには、財政健全化に取り組まなければなりません。

そのためには、当然、財源を確保しなければなりません。

石破さんが主張してきたのは、消費税の増税です。社会福祉の財源を確保するためにも、消費税増税から逃げてはならない。国民に人気のない政策でも、国家のサステナビリティを考えれば、国民に負担を要求しなければならない。そう主張しています。

## 原発再稼働、米海兵隊は国外へ

原発政策ですが、基本的に再稼働に賛成という立場をとってきています。短期的ヴィジョンとしては、電気の安定供給のために、原発再稼働は致し方ないと論じています。しかし、中長期的には総電量に占める原発の比率は低下せざるをえず、自然エネルギーへのシフトを進めていかなければなりません。そのために、可能性のある技術は徹底的に集中して研究開発していかなければならないと言います。「再稼働か再生可能エネルギーか」という二分法的問いは、「時間軸を無視しておりナンセンス」というのが石破さんの見方です（『こんな日本をつくりたい』）。

安全保障政策も見ておきましょう。防衛大臣を務め、早くから憲法九条改正を訴えていたため、「軍事オタクのタカ派」というイメージが先行していますが、その主張は、日米安保のあり方に鋭く迫るもので、安倍内閣の方針とは一線を画しています。

石破さんは、個別的自衛権と集団的自衛権を分離する考え方をとっていません。そもそも自衛権自体は憲法以前の存在であり、国家に自然権的に付与されたものであるため、「論理的に憲法から『集団的自衛権行使不可』という結論は導き出せない」と言います（『政策至上主義』）。

そのため、集団的自衛権は現行憲法上も認められており、その行使を法律によって厳密に制約すべきであると主張します。ただ、常に憲法上の問題が議論され続けているので、九条二項を改定し、疑義のない状態にすべきと論じます。

石破さんの議論で注目すべき点は、この先です。

> 主権国家に当たり前のように外国の軍隊が大規模に駐留している。そこに疑問を持たない。これは主権国家の国民の意識として、どう考えてもおかしなことです。私が「自立精神旺盛な国をつくりたい」と申し上げている一端が、ここにあります。（前掲書）

石破さんは、日本の領土をアメリカの軍事基地として無批判に提供しているようでは、自立した独立国とは言えないと主張します。現状の日米安保条約は明らかに不平等であり、対等な同盟国とは言えないという認識を示します。

対等な関係になるにはどうすべきか。

まずは集団的自衛権の行使を片務的なものから双務的なものにし、日米安保条約を対称なものへと改定しなければならないと訴えます。

石破さんは日米地位協定の改定に踏み込んで言及します。「アメリカ国内ではやらないような超低空飛行を許したりしてはならない」とした上で、次のように言います。

世界中で米軍基地を受け入れている国は多くありますが、管理権まで米軍に委ねている国はほとんどありません。アメリカは日本の存在がアメリカの役に立つかぎり日本に駐留するでしょう。しかしそれを無条件で受け入れる必要はないはずです。

（『石破茂の「頭の中」』）

そして、石破さんは次のような提案をします。

沖縄の負担については、たとえば自衛隊の海兵隊機能を強化することで改善できるかもしれません。

海兵隊は一部の人の言うような「殴り込み部隊」などではありません。島嶼《とうしょ》部を擁する海洋国家では当然の、自国民の救出と島嶼部の防衛を主任務とする部隊です。今まで自衛隊には「海兵隊」はありませんでした。ようやく先般、「水陸機動団」が新編され、海兵隊的な機能が付与されることとなりました。これを拡充し、自衛隊で行なえる任務の分は米海兵隊を削減していくようにしてはどうか、ということです。

（『政策至上主義』）

石破さんは、アメリカの海兵隊を国外に移転し、その機能を自衛隊が代替する構想を持っています。

石破さんは米海兵隊の普天間から辺野古への移設について、二〇一八年年七月二十六日の講演で「県民の方々のご理解が得られていないことはよく承知している」としたうえで、次のように述べています。

（辺野古移設が）ベストとは申さない。ベターとも申さない。ワーストではないという言い方しかできないと思っている。

（『琉球新報』二〇一八年七月二十七日）

石破さんの「ベスト」または「ベター」の構想は、米海兵隊が沖縄から撤退し、自衛隊が防衛に関する代替機能を担うというものでしょう。普天間基地が永続化したり、逆に米海兵隊撤退の穴を自衛隊が埋められないような事態が最悪であり、それよりは「ましな選択」というのが辺野古移設であり、「ワーストではない」ということなのでしょう。地位協定の改定や米海兵隊の沖縄からの撤退を主張する石破さんが首相になると、日米安保は大きな変化の時を迎えるのかもしれません。

その際、気になるのが、日本の核武装問題です。アメリカの核の傘が十全なものでなくなると、あちこちから核武装論が噴出することが予想されます。これに対し、石破さんは、日本が核武装できるわけがないとして、全面的に退けます。

私も、現時点で核を保有することは、非現実的かつ国益に資さないと思っています。単純に実験場がない、といった理由もさることながら、日本が核を持つと、「あの唯一の被爆国である日本が持ったのだから」ということで、どの国が持っても歯止めがかけられなくなるわけです。

（『こんな日本をつくりたい』）

日本が核武装すると、NPT（核兵器不拡散条約）体制は破綻に向かい、あちこちが核保有国だらけになる。NPT体制は不公平であるものの、世界中が核を持つよりはましというのが石破さんの見解です。

## 「価値」をめぐるヴィジョン

さて、ここまで石破さんの様々な理念・政策を見てきましたが、まだ出てきていないものがあります。「価値観」の問題です。

実は、石破さんの弱点は、この「価値」をめぐるヴィジョンにあります。彼の書いたものや対談本を大量に読んでいても、価値をめぐる政策への言及は、極めて限定されています。石破さんは昨今、高揚するナショナリズムをめぐって、「愛国心みたいなものは、そもそも強要するような性質のものではない」と言います（前掲書）。また歴史認識に関して、南京大虐殺は「規模はともかくとして虐殺があったことは事実と言わざるを得ない」と言及しています（前掲書）。

靖国神社への首相公式参拝については極めて抑制的・消極的で、天皇陛下が参拝できる環境を整えることが重要との発言を行っています。A級戦犯合祀についても批判的な立場をとっており、次のように述べています。

「国家の命により戦地に赴き散華された兵士」と「明らかに勝てない戦争を、そうであると知りながら開始した立場に居た国家指導者」とは明らかに異なると私は考えており、八月十五日には地元の護国神社に参拝することと致しております。

（「石破茂オフィシャルブログ」二〇一二年六月十五日）

ただ、安全保障政策や地方創生などに比べると、価値をめぐる政策についての熱量は極めて低調です。積極的に発言することを控えているように見えます。

LGBT問題についても、管見の限りほとんど言及がないのですが、杉田《すぎた》水脈《みお》議員の「生産性がない」発言（『新潮45』二〇一八年八月号）をめぐる騒動に対して、次のように批判しています。

生産性がないなんて言ってはいけない。それが許されるようでは、自民党の多様性、懐が深いとは言わない。人の気持ちを傷つけて、平然としているような自民党であってほしいと思っていない。

（『朝日新聞』二〇一八年七月三十日）

一方で、選択的夫婦別姓については反対のようで、二〇一〇年には自民党政調会長として、民主党政権が検討を進める民法改正案について「これを待ち望む人々のニーズに応えながら、法案には反対だという姿勢を示したい」と述べています。

リベラルなのか、パターナルなのかと言われれば、比較的リベラルな傾向があると言えますが、これまでの議員生活のなかで、中心課題に据えられてこなかったことは事実でしょう。また時折、前時代の価値観や生活スタイルを美化する発言も見られ、潜在的なパターナリズムが露出することがあります。

ただ、近年の安倍内閣の決定プロセスに対して、党内議論の活性化や丁寧な合意形成、多様性の尊重などを訴えており、この点では相対的にリベラルだといえるでしょう。

以上のことから、石破さんはⅢのタイプの政治家ということができるでしょう。ここは、いわゆる新自由主義（ネオリベラリズム）といわれるゾーンです。石破茂という政治家は、基本的に新自由主義者とみなしてよいと思います。小泉元首相を高く評価するのも、道理が通っています。

前章で述べたとおり、安倍首相はⅣのタイプの政治家ですので、安倍首相との違いを強調するためには、価値観の問題に積極的に取り組む必要があります。安倍首相のパターナルな政治姿勢に対して、多様性への寛容を強調する姿勢は評価できますが、選択的夫婦別姓問題やLGBT問題への消極的姿勢は、石破さんのスタンスを見えづらくしており、マイナスポイントです。

――価値の問題で、明確な姿勢を示すことができるのか。

これが石破さんにとって、今後の重要な課題なのではないかと思います。

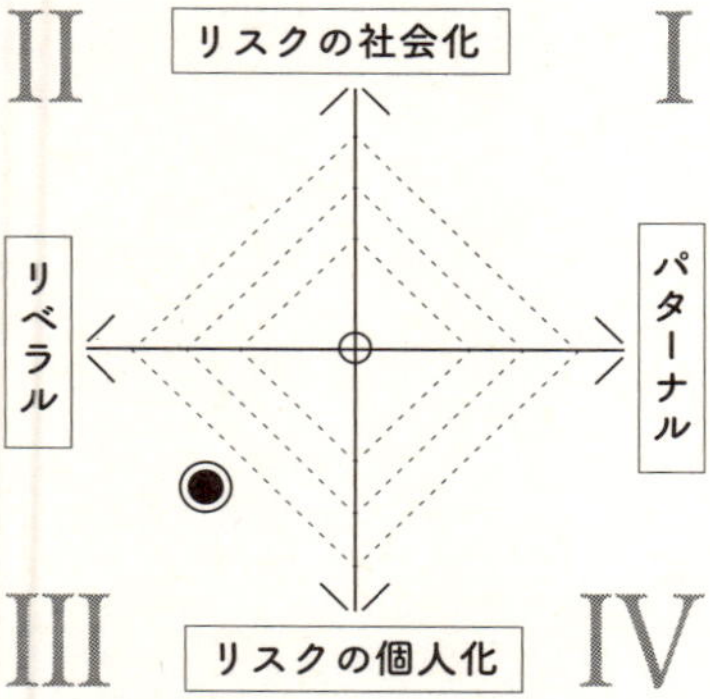


◎価値の問題が中心課題ではない
◎党内では相対的にリベラルだが、潜在的パターナル
◎新自由主義者

# 〈3〉

# 菅義偉

## 忖度政治と大衆迎合

# 菅《すが》 義偉《よしひで》

衆議院議員。自民党。神奈川県第2区。当選8回。1948年12月6日生まれ。秋田県雄勝郡秋ノ宮村（現・湯沢市秋ノ宮）出身。血液型O型。

1973年、法政大学法学部卒業、建電設備株式会社（現・株式会社ケーネス）入社。1975年、衆議院議員秘書。1984年、通産大臣秘書官。1987年、横浜市議会議員。1996年、衆議院議員初当選。2002年、国土交通大臣政務官。2003年、経済産業大臣政務官。2006年、総務大臣。2007年、自民党選挙対策総局長。2011年、自民党組織運動本部長。2012年、自民党幹事長代行、内閣官房長官・国家安全保障強化担当大臣（第2次安倍内閣）。2014年、内閣官房長官・沖縄基地負担軽減担当大臣（第3次安倍内閣）。

2019年1月16日、首相官邸

## 冷徹なポピュリスト

「笑わない官房長官」、「最強参謀」、「影の総理」——。様々な呼び名を与えられる菅義偉官房長官。官邸主導政治のグリップを握り、安倍内閣の運営に、決定的な影響力を保持しています。

一方で、テレビに映し出される記者会見での高圧的な姿には、これまで度々、厳しい批判が投げかけられてきました。二〇一八年末には東京新聞社会部の望月衣塑子《もちづきいそこ》記者を指すとみられる「特定の記者」が、定例会見で「問題行為」を行っているとして、記者クラブに対して「問題意識の共有」を求める文書を送りました。これは「恫喝」や「排除」に当たるとして、新聞労連（日本新聞労働組合連合）や日本ジャーナリスト会議が抗議声明を出し、問題になりました。

米軍普天間飛行場の名護市辺野古への移設作業について、「粛々と進める」と繰り返し述べたことで、沖縄から「上から目線」との反発を招き、「不快な思いを与えたということであれば、使うべきじゃない」と表明するまでに追い込まれました。

しかし、一方で大衆の欲望には敏感で、あとで述べるように、返礼品が手に入る「ふるさと納税」や沖縄へのＵＳＪ（ユニバーサルスタジオ・ジャパン）、ディズニーランド誘致、さらにＮＨＫ受信料・携帯電話料金値下げなど、ポピュリズム的政策を打ち出すことを得意としています。読売新聞朝刊で連載中の「人生案内」には必ず目を通し、市井《しせい》の動きや感情に、常に目を光らせているといいます。

菅義偉という政治家は、いかなる考えの持ち主なのか？　どのようなヴィジョンを抱いているのか？　菅さんの著書（『政治家の覚悟――官僚を動かせ』二〇一二年、文藝春秋企画出版部）やインタビュー、論考などを追いながら、その実像に迫りたいと思います。

## 地元有力者の父親に反発、秋田から上京

まずは、簡単にその足跡を振り返っておきたいと思います。

若き日の菅さんを語る際に、よく語られるのが「たたき上げ」「苦労人」というキーワードです。彼は世襲議員ではなく、地方から上京し、裸一貫で国会議員になった経歴を持っ

ています。

秋田県雄勝郡《おがちぐん》秋ノ宮村《あきのみやむら》（現在の湯沢市秋ノ宮）の農家の長男として生まれた菅さんは、比較的裕福な家庭に育ちます。父は「秋の宮いちご」のブランド化に成功したことで地元有力者となり、雄勝町議会議員や湯沢市いちご生産集出荷組合長などを務めました。

菅さんは、存在感の大きな父に反発し、高校卒業後、農家を継ぐことなく上京します。最初に始めたのが板橋区の段ボール工場での住み込みの仕事。「東京に出さえすれば、将来の展望が開ける」と思っていたものの、現実は厳しく、「ここで一生を終わるのかと思うと暗澹とした気持ちになった」と言います（豊田《とよだ》正義《まさよし》「根性を忘れた日本人へ（3）世襲禁止を目指す〝反骨漢〟衆議院議員・菅義偉」『新潮45』二〇〇九年五月号）。

大学に入って人生を変えようと考え、段ボール工場を辞めます。築地市場でアルバイトに従事しながら、学費が安かった法政大学に入学。卒業後、衆議院議員・小此木《おこのぎ》彦三郎《ひこさぶろう》さんの秘書となり、政治の世界に足を踏み入れました。

小此木さんは第二次中曽根《なかそね》康弘《やすひろ》内閣で通産大臣になると菅さんを秘書官に抜擢し、外訪などの重要な仕事に同席させるようになります。三十八歳の時に横浜市議会議員選挙に立候補し、当選。ここで頭角を現し、「影の市長」とまで言われる実力者にのし上がりました。

一九九六年、導入されて初めての小選挙区比例代表並立制の衆議院選挙に、神奈川2区から出馬し、当選。小渕派に入ったものの、小此木さんの親友だった梶山静六《かじやませいろく》さんを敬愛し、橋本龍太郎《はしもとりゅうたろう》内閣の退陣後の総裁選では、小渕恵三《おぶちけいぞう》さんの対抗馬だった梶山さんを応援しました。

その後、宏池会《こうちかい》に入会。加藤紘一《かとうこういち》さんをリーダーとして担いだものの、森喜朗《もりよしろう》内閣打倒を目指す「加藤の乱」に敗れて宏池会は分裂。反加藤グループの堀内派に身を置きました。この頃、北朝鮮問題をめぐって安倍晋三さんと共鳴し、以後、行動を共にするようになります。

小泉内閣では、総務副大臣に就任。この時の総務大臣が竹中平蔵《たけなかへいぞう》さんで、通信・放送分野の改革に従事します。竹中さんが自民党の部会で厳しく批判されると、その相手に対して怒鳴りつけるように反論し、竹中さんの信頼を獲得してゆきます。

第一次安倍内閣では総務大臣に抜擢され、NHK改革などで大鉈《おおなた》を振るうことになります。夕張の財政破綻にも直面し、監督官庁の大臣として対応に追われました。

このあと、麻生太郎《あそうたろう》さんにも信頼され、麻生内閣時には「世襲制限」を打ち出します。支持率が低下するなか、自民党への期待感を盛り上げようとしますが、うまくいかず、二〇〇九年の選挙で民主党に大敗し、政権交代を許しました。

約三年間の野党生活を経て、第二次安倍内閣が成立すると、官房長官に任命され、現在に至っています。

## 人事を通じて官僚に忖度させる

菅さんの特徴は、なんといっても「人事」。官僚などの人事権を握ることで巧みに誘導し、忖度《そんたく》を生み出すことで、政治的成果を得ようとします。

菅さんは、このことに自覚的で、自らの著書のなかで次のように述べています。

> 人事権は大臣に与えられた大きな権限です。どういう人物をどういう役職に就けるか。人事によって、大臣の考えや目指す方針が組織の内外にメッセージとして伝わります。効果的に使えば、組織を引き締めて一体感を高めることができます。とりわけ官僚は「人事」に敏感で、そこから大臣の意思を鋭く察知します。
>
> （『政治家の覚悟』）

ここでのポイントは、人事こそが大臣の「メッセージ」であり、官僚はその意図を「鋭く察知」すると論じている点です。直接的なメッセージを発するのではなく、人事を通じて相手に勘ぐらせることこそ、権力が最大の効果を発揮すると認識しているのです。

菅さんは、この手法を使い、総務大臣時代にＮＨＫ改革や日本郵政経営などを指揮しました。第二次安倍内閣で官房長官に就任すると、霞が関の幹部人事を掌握し、「官邸主導」の政治を確立してゆきます。人事権をつかめば、人は服従する。人事権者に人の流れが集中し、情報が集まる。この権力のメカニズムを熟知し、行使するのが菅さんの特徴です。これは横浜市議時代に、人事こそが組織を掌握する肝であることを痛感した経験から生み出された「技」でした。

二〇一四年五月、菅さんが主導するかたちで内閣人事局が創設されます。ここでキャリア官僚の人事を官邸が掌握する仕組みができ上がり、菅さんの権力は揺るぎないものになります。官僚は官邸の意向を忖度し、行動するようになります。のちに発覚するように、官僚の忖度による文書・データ改竄《かいざん》などは、安倍内閣を特徴づける事象となっていき、国民の行政に対する信頼の低下を招きました。

## メディアの自主規制を誘導し、批判を抑えこむ

菅さんの人事は、メディアのコントロールにも発動されます。総務大臣時代の二〇〇七年、南俊行《みなみとしゆき》・放送政策課長を強引に更迭《こうてつ》し、三年後輩の吉田眞人《よしだまびと》・電気通信事業紛争処理委員会事務局参事官と交代させました。この人事により、菅さんはNHK改革の主導権を握り、放送法の改正に道筋をつけたとされます。

当時のNHKは、職員の不祥事が相次ぎ、受信料不払いに悩まされていました。これを解決する手段として、NHK幹部は支払いの義務化を目指し、総務省への働きかけを行いました。

これに反発したのが菅さんでした。菅さんは、受信料の二割値下げを要求し、橋本元一《はしもとげんいち》・NHK会長と対立します。そして、自らの意向がなかなか反映されないことに強い不満を持ち、南課長の更迭人事を断行したといいます。

この時の雑誌記事には、次のような記述があります。

更迭理由について、菅氏は、「NHK改革を加速させたい」と説明している。オブラートにくるんだいい方だが、NHK改革が遅々として前進しないのは総務省内にNHKの代弁者がいて、改革に抵抗しているからだ、それが南課長だといわんばかりだ。

（『たたき上げ大臣』菅義偉総務相の凄み――安倍首相が最も信頼する男」『THEMIS』二〇〇七年四月号）

ここでも菅さんが人事によって巧みに「忖度」を誘導し、政治的成果を得ていく様子が見られます。

同じ二〇〇七年には、『発掘！あるある大事典Ⅱ』（フジテレビ系列）の捏造問題が発覚し、番組が打ち切りになるという騒動が起きます。菅さんはこの事態へ巧みに介入し、問題のある番組放送への行政処分を強める放送法改正を主張します。これは「権力による言論統制や検閲につながる」「総務省に番組内容への介入を許すことになる」と批判を受けますが、菅さんは意に介さず、改正法案を衆議院に提出します。結局、NHKと民放連はBPO（放送倫理・番組向上機構）のなかに強い権限を持つ「放送倫理検証委員会」を新たに設けることで対応し、関西テレビを民法連（日本民間放送連盟）から除名する処分を下しました。

このあと、菅さんは放送局に対して電波利用料金の値上げを表明し、メディアに対するマウントポジションを形成してゆきます。菅さんはメディアの反対キャンペーンに対抗するために、民放社員の給与を徹底的に調べ上げたといいます。

私はこの値上げを表明するにあたり、民放各社の社員の給与など、放送業界の実情を調べて理論武装していました。四十歳の平均年収が二千万円という会社が複数あり、下請けとの給与格差は実に四倍にも達していました。どんなに批判されてもひるむつもりはありませんでした。

（『政治家の覚悟』）

放送局の給与が高水準にあることを世に知らしめ、大衆の感情に火をつけることで、メディアへの権力を行使しようとしました。

他にもＮＨＫ会長人事に介入し、安倍首相と思想を共有する富士フイルム社長（当時）の古森重隆《こもりしげたか》さんを経営委員会の委員に任命します。古森さんは委員の互選により委員長に選出され、会長を外部から起用することに道筋をつけます。さらに古森さんは二〇〇八年三月、国際放送について「利害が対立する問題については日本の国益を主張すべきだ。国際放送をただ強化するだけでなく一歩踏み出せ」と発言し、問題になりました。これも菅さんの主張を受けたもので、総務大臣時代には北朝鮮拉致問題をめぐってＮＨＫに命令放送の指示をしたことが話題になりました。

菅さんは、このような経験の積み重ねによって、メディアをコントロールする手法を確立してゆきます。人事や懲罰、値上げや値下げを通じて統制的ポジションを築き、忖度や自主規制を誘導することで、批判を抑えこんでいきました。

しかし、このような手法は、空気を読まない人間の乱入によってかき乱されます。それが東京新聞の望月記者をめぐる一連の騒動です。政治部記者ではなく社会部記者の望月さんが、菅さんによって構築された官房長官会見の「空気」を壊し、厳しい追及を始めると、菅さんは露骨に嫌悪感を示し、圧力をかけるようになりました。ここに菅さんの政治手法の弱点があるといえるでしょう。

## 大衆迎合――値下げ、返礼品、リゾート誘致

菅さんの推進する政策には、大衆の欲望に迎合するものが多くみられます。その典型が

「値下げ」です。

この成功体験は、国土交通大臣政務官時代に手がけた東京湾アクアラインETC割引の実施にありました。菅さんは以前から東京湾アクアラインの料金が高すぎることに目をつけ、三千円の通行料を二千円に値下げすべきことを主張します。そして、ETC車に限って割り引くという社会実験を行い、成功に導きます。料金を下げた結果、全体の交通量が増加し、ETC利用率も上がりました。この結果を踏まえて、ETC普通車八百円が実現することになります。

以降、この「値下げ」政策は、菅さんの切り札になっていきます。前述のように、NHK改革を断行する際には料金値下げを掲げて、世論を味方につけました。

さらに二〇一八年には、携帯電話料金の値下げを主張し、議論を巻き起こしています。彼は総務大臣時代にICT（情報通信技術）の国際戦略を立てたことで通信分野に精通し、詐欺的資金調達を繰り返していた近未来通信への立入検査を通じて、電気通信事業法改正への道筋をつけた実績があります。

菅さんは、現代社会における通信費の増大が庶民層の家計を圧迫している点に注目し、「大手の携帯電話料金は、今よりも四割程度下げる余地がある」と主張しています。菅さんが注目するのは国際社会との比較です。日本の料金は世界的に見ると最も高い部類に属し、世界全体の携帯料金が下降傾向にあるにもかかわらず、それに準じていないといいます。

この原因はどこにあるのか。菅さんの見るところ、通信業界が大手三社の寡占状態になっていることにあります。しかも、携帯端末を販売する代理店の役割も担っていることから、「端末費」と「通信費」の区別がつきにくい契約システムが一般化しています。そのため、利用者は項目の細かさと複雑さに閉口し、何にいくら支払っているのか把握できないという不満を持っています。さらに、契約内容が複雑でわかりにくいため、手続きに時間がかかり、苛立ちが増大します。

菅さんは、大手の寡占状態を解消し、競争原理を働かせることで「選択の自由」を保証すべきと訴えます。そのための環境づくりを政治的に行うことで、複雑な契約を解消し、料金値下げを実現しようとしています（菅義偉「携帯通信通話料金は絶対に四割下げる」『文藝春秋』二〇一八年十二月号）。

他にも、菅さん主導の政策としては総務大臣時代に「ふるさと納税」を導入したことが知られていますが、これも返礼品制度を導入したことから、一気にポピュリズムの要素が加わることになりました。都市部に集中する富を地方に分散させる政策という名目は空洞化され、今や寄付という形式を使った商品の購入という感覚が広がっています。しかも、この制度で利益を得ているのは都市部の富裕層が中心です。

沖縄県民がアメリカ海兵隊の普天間基地を名護市辺野古に移設する計画に反対すると、USJ、ディズニーランド、カジノなどの大型リゾート施設の誘致に動き、揺さぶりをかけました。これもポピュリズム的特徴を持つ一連の政策と言えるでしょう。

## 自己責任を基調とする「小さな政府」、橋下徹と呼応

このような「値下げ」政策などには、大衆迎合という側面と共に、既得権益解体という構造改革の意思が反映されています。

菅さんの打ち出す政策は、基本的に「自助」という自己責任を基調とする「小さな政府」路線に基づいています。民主党政権時代には、自民党のスタンスを明確にするため、「小さな中央政府」を目指すべきことを強調し、さらに「歴史、伝統、文化、地域を大事にし、誇りに思うような教育方針を打ち出す」べきとして、次のように言っています。

安倍内閣のころから小泉改革の軌道修正をする動きが出て、福田内閣になって「逆にしよう」という雰囲気になってきた。その辺りからおかしくなったのではないかと思います。私どもは「改革」を掲げて議席をいただいたわけですから、党として金科玉条のごとく推進すべきだった。

（菅義偉、田原総一朗「連続インタビュー　自民党ならこの危機をどう救う？
――失業者減は『成長』なくして実現しない」『Voice』二〇一〇年二月号）

菅さんは小泉構造改革を断固として継続すべきという立場をとってきました。規制緩和を徹底することによって新しい産業を起こしていくというヴィジョンは、大臣就任以前からの持論でした（「手負いの獅子に諫言する――自民党若手座談会」『文藝春秋』二〇〇二年四月号）。

国家戦略特区を推進し、農協改革によって自由競争を推進する。法人税を減税し、大企業の国際競争力を高める。

一方、政府の側も行政改革によるスリム化、効率化を図り、官邸主導によるスピード感を実現する。地方分権を推進し、地方自治体に競争原理を導入することで自助努力を促す。

公務員の人件費は削減し、首長の高額退職金にもメスを入れる。

このような政策は、大阪府知事・大阪市長を歴任した橋下徹《はしもととおる》さんと呼応し、時に自民党大阪府連との軋轢《あつれき》を生みながら、大阪都構想の支援に動きました。

## 政策の優先順位は価値よりコストの問題

一方、「価値の問題」についてのスタンスですが、基本的には「パターナル」な姿勢をとっていると言えます。

二〇〇〇年七月には『月刊自由民主』に「政策提言 横浜と湘南の国旗国歌問題」という論考を掲載し、国旗国歌を重んじる姿勢を教育すべきと訴えました。ここで論じられているのは、国旗国歌の推進に協力的な学校が多い地域は自民党が強く、逆にこれに従わない学校が多いのは、労働組合が強い地域だということです。国家方針に従順ではなく、既得権益化した労働組合を敵視する姿勢が表明されています。

そもそも安倍首相と親しくなったきっかけは、北朝鮮拉致問題でした。菅さんは二〇〇二年に万景峰号《マンギョンボン》の入港阻止のために港湾法改正を求めましたが、これに注目したのが小泉内閣の官房副長官だった安倍さんでした。安倍さんは「全面的に協力したい」と言い、菅さんと連携するようになります。この時、菅さんは安倍さんが国家観を明確に打ち出す姿に魅力を感じ、「こういう人をいつか総理大臣に」と思ったといいます（「Special Interview 菅官房長官『右腕の仕事術』消費税、オリンピック…総理を支えた『官邸の300日』」『プレジデント』二〇一三年十一月十八日号）。

菅さんは「日本の前途と歴史教育を考える若手の会」メンバーになり、右派的な歴史認識を持つ議員との関係を深めていきました。

ただし、菅さんが右派イデオロギーの実現を最優先する政治家かというと、疑問符がつきます。菅さんは率直に、次のように漏らしています。

正直言うとね、国家観というものがそれまで私になかったんです（笑）。安倍さんの話を聞いて、すごいなあと。安倍さんが官房副長官のときです。

（「ぬるま湯ニッポンを大改革する　安倍政権の大番頭　菅義偉官房長官」『サンデー毎日』二〇一四年一月五－十二日号）

菅さんは根っからの右派論者というわけではありません。例えば、安倍首相が靖国神社に参拝した際には、支持率低下や日米関係の悪化を懸念し、これに反対したといわれています（松田賢弥『影の権力者　内閣官房長官菅義偉』二〇一六年、講談社＋α文庫）。

菅さんはどの象限に位置づけられる政治家なのか。

これまで見てきたとおり、菅さんは「リスクの個人化」「パターナル」のⅣに位置づけられる政治家と言えるでしょう。ただし、政策の優先順位は、横軸の価値の問題よりも、縦軸のコストの問題にあるといえます。同じⅣの安倍さんとは、基本路線を共有しつつ、重視する政策の傾向が異なります。

菅さんは人事を通じた権力掌握を巧みに行い、「自主規制」や「忖度」によって既得権打破の構造改革を進める政治家です。二〇〇〇年代の小泉―竹中路線を継承する政治家と言えます。

彼が「共助」よりも「自助」を強調する姿勢には、「自分はたたき上げで、裸一貫から努力してのし上がってきたのだ」という自負心があるのでしょう。一時期、議員の世襲制に対して猛烈に批判を加えていた背景にも、この思いが存在していると思います。

しかし、この考え方が「社会的弱者は公助に甘えている」という認識につながっているとすれば、やはり問題があります。大衆の欲望に敏感でありながら、本当の苦しみに寄り添えないようでは、大衆政治家として問題があると言わざるをえません。

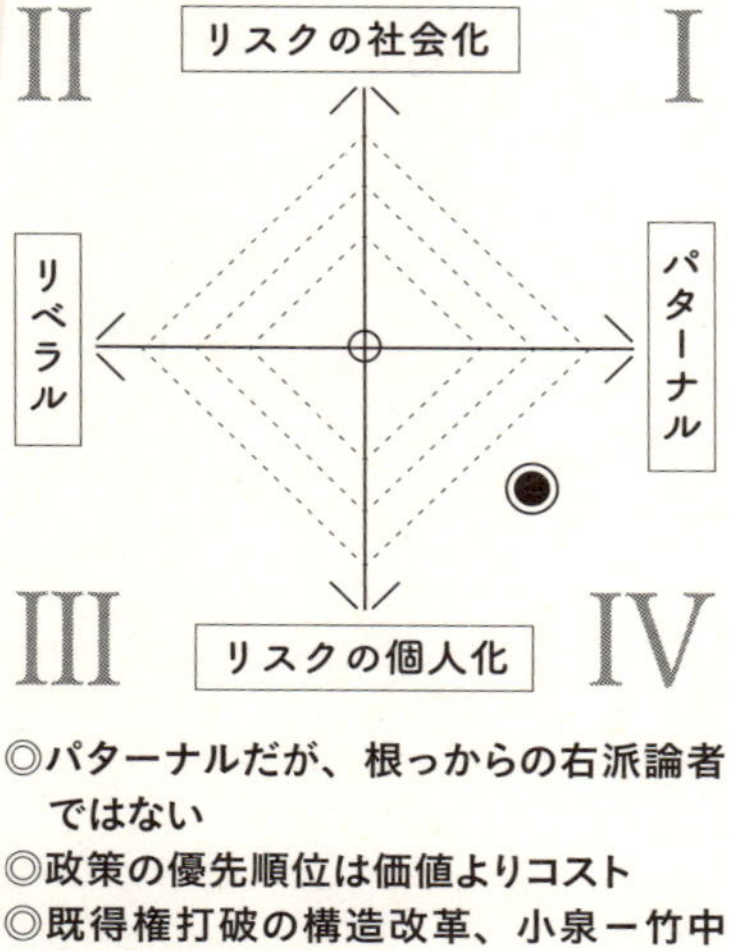


◎パターナルだが、根っからの右派論者ではない
◎政策の優先順位は価値よりコスト
◎既得権打破の構造改革、小泉ー竹中路線継承

〈4〉

# 野田聖子

## 多様性と包摂

# 野田《のだ》聖子《せいこ》

衆議院議員。自民党。岐阜県第1区。当選9回。1960年9月3日生まれ。福岡県北九州市出身。血液型A型。

1983年、上智大学外国語学部比較文化学科卒業、帝国ホテル入社。1987年、岐阜県議会議員。1993年、衆議院議員初当選。1996年、郵政政務次官。1998年、郵政大臣（小渕内閣。史上最年少）。1999年、自民党国会対策副委員長。2001年、自民党政調副会長（総務担当）。2005年、自民党離党。2006年、自民党復党。2008年、科学技術・食品安全・消費者行政担当大臣（福田改造内閣）。2012年、自民党総務会長。2016年、衆院災害対策特別委員長。2017年、総務大臣（第3次安倍第3次改造内閣）。2017年、総務大臣・男女共同参画・マイナンバー制度担当（第4次安倍内閣）。2018年、衆議院予算委員長。

2018年9月5日、総務相時代

## 男性中心社会への憤り

野田聖子さんは安倍政権下で、自民党総裁選への立候補に意欲を見せ、推薦人の確保に動きましたが、規定数の二十人を集めることができず二〇一五年と二〇一八年の二回、断念に追い込まれました。

二〇一八年十月二日には総務大臣を退任。記者会見では「閣内に私のような小姑がいなくなるなら、厳しいことを言う人に耳を傾けてもらい、国民のための自民党という思いを忘れずにいて欲しい」と政権に注文をつけました。

安倍首相と同じく一九九三年の衆議院選挙で初当選し、現在九選目。最初の当選時から「総理大臣を目指す」と公言してきたため、総裁選出馬には強い意欲を示しています。しかし、なかなか出馬にこぎつけることができず、自らを「小姑」と位置づけるように、安倍内閣とは見解を異にする場面が多くなっています。

一体、野田さんはどのような信念を持って政治活動をしているのでしょうか？　どのような点で、安倍内閣と齟齬《そご》をきたしているのでしょうか？

野田さんは、多くの著書を出しており、主だったものだけでも（共著を含めて）九冊を挙げることができます。彼女は政治家人生の節目で、自らの行動を振り返る著書を出版しています。そして、その人生のプロセスが、提案する政策そのものにつながっています。

①『アイアム聖イング』一九八七年、海越出版社
②『改革という美名の下で』一九九四年、海越出版社
③『国民のみなさまにお伝えしたいこと――ホンネで語る政治学』一九九六年、ＰＨＰ研究所
④『私は、産みたい』二〇〇四年、新潮社
⑤『だれが未来を奪うのか――少子化と闘う』二〇〇五年、講談社
⑥『不器用』二〇〇七年、朝日新聞社
⑦『この国で産むということ』根津八紘《ねつやひろ》との共著　二〇一一年、ポプラ社
⑧『生まれた命にありがとう』二〇一一年、新潮社
⑨『みらいを、つかめ――多様なみんなが活躍する時代に』二〇一八年、ＣＣＣメディアハウス

『アイアム聖イング』、『改革という美名の下で』、『国民のみなさまにお伝えしたいこと――

ホンネで語る政治学』は政治家としてデビューしたばかりの頃の著書で、政界に対する率直な疑問や違和感が綴られています。政界入りして真っ先に直面したのが女性議員への差別で、当選から時間が経っても「マドンナ議員」と言われることに苛立っています。

マドンナ議員――政治能力もない素人なのに、女性であるがゆえに当選できた国会議員。所詮、台所感覚を超えることなく、ブームに乗らなければ政界に登場することなどなかった、女性議員。暗に明に、マドンナ議員の呼称に、こうした侮蔑的な意味合いがこめられていることを、誰もが知っている。

したがって、女性議員をこのように卑下した名前で呼びたがるのは、もっぱら男性であり、これを好んで使う女性にお目にかかったことはない。多分に、〝女ということで、楽して政界入りした〟的な男性のひがみや、より伝統的な日本男性の女性侮蔑が含まれた呼び方であるように思う。

（『改革という美名の下で』）

この男性中心社会に対する憤りが、今日までの野田さんの政治人生を支えていると言っていいでしょう。彼女は「マドンナ議員」というレッテルを払拭しようと、政策面で努力を積み重ねます。そして政治家としていち早く関心を寄せた「情報通信」分野で頭角を現しました。第二次橋本龍太郎《はしもとりゅうたろう》内閣で郵政政務次官に就任すると、ＩＣＴ（情報通信技術）政策に携わり、国際経験を積みました。のちに「私は、パソコンを使うようになった国会議員の先駆の一人ではないかと思います」と振り返っています（『みらいを、つかめ』）。

そして一九九八年、小渕内閣の時に、郵政大臣に抜擢されます。三十七歳十ヶ月での就任は、当時最年少での閣僚就任として話題になりました。

## 不妊治療を契機として

しかし、大臣を退いたあと、若くしての出世によって、政治家としての「更年期」がやってきたといいます（『不器用』）。通常、議員の多くは大臣というポジションがゴールになりますが、それを野田さんは三十代後半で達成してしまいました。そのため「この後どうしよう」「このままでいいのか」というエアポケットに入ってしまったといいます（前掲書）。

そんな時に出会ったのが、自民党の鶴保庸介《つるほようすけ》参議院議員でした。彼女はあっという間に結婚を決め、新婚生活が始まります。野田さんは、子どもを授かることを望みましたが、なかなか妊娠せず、四十歳を超えて不妊治療を受けることになりました。そこでの苦闘のプロセスを綴ったのが『私は、産みたい』です。この本は名著です。不妊治療の苦悩や葛藤、痛みが具体的に語られ、流産をした時の苦しみが赤裸々に述べられています。

野田さんは、この経験を経たうえで、人口問題・少子化問題に本格的に取り組んでいきます。その成果として書かれたのが『だれが未来を奪うのか——少子化と闘う』で、少子化対策のあり方を本格的に論じると共に、問題の本質が理解できていない自民党の男性議員たちへの苛立ちが綴られています。

そんな野田さんを、政界の突風が襲います。小泉内閣による「郵政解散」でした。彼女は郵政民営化法案に反対したため、自民党の公認を得られず、選挙区に刺客を送られました。それでもなんとか当選し、二〇〇六年の第一次安倍内閣の時に自民党に復党します。

その後、鶴保議員とは離婚。そのプロセスも『不器用』に綴られています。

二〇〇九年の政権交代選挙では選挙区で落選しますが、比例復活によって議席を死守しました。ここで野党議員になった野田さんは、新しいパートナーと共に妊娠、出産に再チャレンジします。しかし高齢のため、自らの卵子を使った体外受精は難しく、卵子提供を受けることにします。二〇一〇年五月、アメリカで卵子提供を受け、体外受精を実施し妊娠。二〇一一年一月に重い疾患を持った男児が誕生しました。このプロセスは『生まれた命にありがとう』に詳しく書かれています。

自民党の政権復帰後、野田さんは本格的に総理総裁に向けた準備を開始しました。二〇一八年の自民党総裁選に向けては、自らの政策をまとめた『みらいを、つかめ』を出版し、体制を整えて行きましたが、立候補に至りませんでした。

野田さんの人生を知るためには『私は、産みたい』、『不器用』、『生まれた命にありがとう』を読む必要があるでしょう。彼女が最も力を入れる人口問題・少子化対策については『だれが未来を奪うのか』、『この国で産むということ』、現在の政策の概要を知るには『みらいを、つかめ』が適しています。

## 子どもを産み育てやすい環境の整備

野田さんは、自らの政治家としてのライフワークを「少子化対策」に置いています。彼女は少子化・人口減少を「静かなる有事」と位置づけ、超高齢化社会という近未来の現実を直視すべきと訴えます（『みらいを、つかめ』）。

野田さんの一貫した主張は、子どもを産み育てやすい環境を整備すべきということで、特に「女性が就業しやすい社会的条件の整備が進んだ国では、子どもも産みやすい」という点を強調します（『この国で産むということ』）。とにかく「産みたい人のために阻害要因を取り除くこと」。これが重要だと繰り返し、述べています。

野田さんが直面した壁は、男性議員たちの偏見と誤解でした。彼らは「確かに子どもが減ったら困る。女性にもっと子どもを産んでもらわなければ。家庭に戻って育児に専念してもらおう」と言い出します。彼らの本音は「出生率が減ったのは、女がへたに学歴なんかつけて、外で仕事を始めて、家を顧みなくなったせいだ。少しは社会のことも考えろ」ということでした（前掲書）。

野田さんはこれに全力で反論します。女性が社会に進出し、働いているから子どもを産まないのではない。世界のデータを見れば働いている女性のほうが多くの子どもを産んでいる。「現在の先進国では、出産・育児期、つまり、二十五〜三十四歳の女性労働率の高い国ほど出生率も高い」。重要なのは、女性の就業環境を整備すること。少子化は「女性のわがまま」などでは決してない。そう強く主張します（前掲書）。

野田さんが具体的に提案するのは、子どもが二歳になるまでは、親に育休を与えるシステムを確立することです（『みらいを、つかめ』）。そして、育休中は一〇〇％有給（『この国で産むということ』）。さらに、二歳からは全入の幼児教育を確立することを訴えます（『みらいを、つかめ』）。

喫緊の課題である待機児童の解消、保育の質の改善、保育士の確保・処遇改善などを進めると同時に、2歳児から全員が保育園や幼稚園等に通園できる制度を早期に実現すべきと考えています。

（中略）また、2歳になるまでの間ですが、私は、相応の所得保障を受けながら、両親が合わせて2年間は育児休業がとれるようにし、一人親家庭でも育児に支障がないようにする仕組みを導入すべきと考えています。（『みらいを、つかめ』）

また、重要なのは「ワーク・ライフ・バランス」を見直すこと。特に「昭和的働き方からの脱却」を強く訴えます。二十四時間、家庭を顧みず働くことが美談になる社会はおかしい。子どもと過ごす時間を十分に確保でき、子どもの病気や学校行事に対応できる状態をつくり出すことが重要だと主張します（『この国で産むということ』）。

この社会構想を実現するためには、男性の子育て参加・意識改革が必要です。

私たちの社会は、家庭に父親がいない状況を長らく容認してきました。結婚しても、多くの女性はあたかもシングルマザーのような立場で子育てに専念してきたのではないでしょうか。この問題こそが、世界に例を見ない特殊な日本的人口減少の根っこの部分だと私は思います。

少子化対策の究極の目標は、日本の父親を家庭に取り戻すことだと私は思っています。（『この国で産むということ』）

また、子どもを産み育てるには、お金が必要です。若者の雇用政策を推進することも、少子化対策の喫緊の課題だと述べます。

さらに、配偶者税制を「男中心社会の時代に作られた制度」として、早期の改正を主張します。

働きたいという女性の意欲に抑制的に働くこれらの制度は、できるだけ早く変えるべきです。企業の配偶者手当についても、子供や家族を対象とする手当などに切り替えていくことが望まれます。

(『みらいを、つかめ』)

## 家族形態の多様性を容認する社会

不妊治療による体外受精、そして卵子提供による出産を経験した野田さんは、出産の多様性の尊重を訴えます。

子どもを授かりたい。けど、なかなか妊娠しない。不妊治療を始めたのに、なかなか結果が出ない。友人にも相談しにくい。保険が適応されないので、お金もかかる。そんな苦しみのなかに、大勢の人がいます。

野田さんは、自らの経験を踏まえ、次のように言います。

結婚すれば自然に妊娠・出産するものという世間の風潮のなかで、だれにも相談できず、あるいは隠れるように治療しながら、肉体的、精神的、そして金銭的に苦しんでいる方は大勢いらっしゃいます。一方私は、国民の声なき声をすくいあげるべき国会議員という立場。ならば不妊をめぐる社会的、経済的、法的な問題を、率先して政治の場で解決していかねばならない。不遜な言い方かもしれませんが、私には不妊に悩む人々の苦しみを代弁する義務があると思ったのです。

（『この国で産むということ』）

野田さんがまず取り掛かろうとするのが、不妊治療の保険適用です。不妊治療には高額の費用がかかります。体外受精や顕微授精については「特定不妊治療費助成事業」が実施されていますが、それも治療回数や金額の上限が設定されていたりするため、十分ではありません。「焼け石に水」の状態です。既定の回数を超えて治療を継続すると、どうしても出費はかさみます。それも、相当な金額です。これでは経済的に豊かな人しか、不妊治療を受けることができなくなります。野田さんは訴えます。

なによりも子どもが欲しいのに、お金がなくて治療できないという四七万組のカップルの声を聞いてほしい。産みたいのに子どもができない、産めないという「私的な」状況が、少子化という国の根幹をゆるがす深刻な問題につながっていることに目を向けてほしい。不妊治療への保険適用は、もっと前向きに検討されるべきだと私は思います。（前掲書）

野田さんは代理出産、卵子提供についても、広い社会の理解が必要だと問います。まずは実態を知って欲しい。そのうえで出産の多様性を容認していきたい。社会全体で支えていきたい。制度整備を進めていきたい。法整備も進めていきたい。これが卵子提供による出産を経験した野田さんの切実な訴えです。

野田さんは自らの経験を踏まえ、養子縁組についての制度・法整備の推進を説きます。これを通じて、家族形態の多様性を容認する社会の実現を目指しています。

さらに「子ども家庭省」のような専門の省庁を設置し、本格的に少子化問題に取り組む姿勢が必要だと言います。そのうえ、介護保険のように成人に達したすべての国民が加入する「子ども保険」を実現し、独自の安定財源の確保に乗り出すべきと主張します。

野田さんのスローガンは、「ダイバーシティ」と「インクルージョン」という概念に帰結していきます（『みらいを、つかめ』）。「ダイバーシティ」とは「多様性」、「インクルージョン」とは「包摂《ほうせつ》」を意味します。特に社会から排除されがちな女性・高齢者・障害者を「包摂」し、能力を発揮できるフェアな社会をつくっていくことが目標として掲げられます。そして、この考え方は国連が推奨する「ＳＤＧｓ（持続可能な開発目標）」とも連動する政策として位置づけ、国際社会との連携を模索します。

## アベノミクス・新自由主義批判

経済政策はどうでしょうか。

野田さんは、基本的にアベノミクスに批判的です。確かに雇用は改善し、「デフレではない状況」になっているものの、労働分配率は低下し、企業の利益が労働者に還元されるトリクルダウンは起きていないと見なします（前掲書）。異次元の金融緩和はすでに限界に達し、マイナス金利が地方銀行などの収益を圧迫し始めています。国民レベルでは、景気回復の実感もなく、また将来への悩みや不安も解消されていません（前掲書）。

野田さんは、アベノミクスによって今後もトリクルダウンは起きないと主張します。そして、「企業発のトリクルダウン型モデル」から「人財発、地方発の水系型モデル」への転換を遂げるべきと言います。


たくさんの小さな湧き水が集まって、小川になり、やがて大きな川になっていくように、国民それぞれが、そして、各地方が力を発揮して日本全体を元気にしていく、「企業発のトリクルダウン型モデル」とは逆の「人財発、地方発の水系型モデル」を目指すべきだと私は考えます。（前掲書）

さらに二〇四〇年を見据えて「落ち着いて、やさしく、持続可能な国」へと転換していくべきだと説きます。そのために何をすべきか。

それは「未来への投資」です。少子化対策、教育、人材投資、研究開発投資を進め、子や孫にレガシーを残すことで持続可能性を追求するというヴィジョンが掲げられます。

前述のように、野田さんは小泉内閣時に郵政民営化に反対し、選挙では自民党から刺客を送られました。「市場万能主義的な考え方で、町や村の極めて重要なインフラである郵便局を強引に民営化しようとする法案には納得できず、反対票を投じました」といいます（前掲書）。そのため、小泉内閣が進めた「官から民へ」という新自由主義路線に対しては、批判的なスタンスをとりました。

野田さんは、折々に増税の必要性を訴えます。なかでも消費税増税には前向きです。財政健全化にも積極的で、消費税だけでなく富裕層への資産課税のあり方を検討してゆくべきと主張します（前掲書）。さらに、国債に頼ることは民主主義の危機につながると言います。国民が国債に頼りっきりになると「お上任せ」になってしまい、民主主義が機能しなくなることが問題だと論じています（前掲書）。

## 選択的夫婦別姓という悲願、ＬＧＢＴ・セクハラ対策

野田さんは、十年以上前から「私のやりたいことは、夫婦別姓をはじめとする民法改正という壮大なこと」と明言しています（『不器用』）。

どういうパートナーと人生を歩むか、同じ苗字で付き合うのもいいし、別々の苗字で付き合うのもいいし、そんなことは国民に任せなさいよ、と。それが成熟した国家にふさわしい流儀だと思います。（前掲書）

野田さんの射程は、選択的夫婦別姓の導入にとどまりません。民法を改正して、「結婚の規制緩和」を実現することを目指しています（『この国で産むということ』）。結婚や夫婦、親子などの家族のあり方についての規定を柔軟にし、多様な家族関係を認めていくこと。そこに法的な地位を与えていくこと。それが重要だと指摘します。

野田さんは、自民党の杉田水脈衆院議員が同性カップルについて「子供を作らない、つまり『生産性』がない」と論じたことについて、会見で「意見という以前に差別や偏見の類いではないかという懸念。生産性という言葉が適切な言葉かどうか。私は適切だとは思っていない」と述べています。そして、ＬＧＢＴ対策が自民党総裁選のテーマになるとの見解を示していました。しかし、野田さんは立候補できず、安倍・石破両候補の論戦では、ほとんど論点に挙げられることはありませんでした。

野田さんはこれまで繰り返し、酷いセクハラを体験してきたと告白します。例えば落選中の若き日には、選挙区で突然胸をつかまれたり、「パンツ見せたら一票やるぞ」と言われたり、酷いことの連続だったといいます。しかし、それでも涙目になりながら「あー、お願いしまーす」と応じざるを得ず、「毎日、ギャーって叫びたくなるようなことの連続」だったと振り返っています（『不器用』）。

そのため、財務省の福田《ふくだ》淳一《じゅんいち》・元事務次官のセクハラ問題（二〇一八年四月）の際には、閣僚でありながら厳しい見解を述べ、セクハラへの罰則を含めた法規制について「必要があれば検討していけばいい」と語っています。最新の著書でも、セクハラ防止について「必要と判断される場合には、法整備を検討すべき」と言及しています（『みらいを、つかめ』）。

## 弱点と課題

野田さんは、どのゾーンに位置づけられる政治家でしょうか？　彼女の提示している政策を総合すると、Ⅱに属する政治家であるという傾向が見えてきます。

新自由主義を批判し、少子化対策のための再配分政策を推し進める姿勢は、「リスクの社会化」を志向していると言えるでしょう。また、選択的夫婦別姓の推進など、ダイバーシティ＝多様性を強く尊重する姿勢は「リベラル」ということができます。

安倍首相がⅣのタイプの政治家であることを考えると、野田さんが自らを安倍内閣の「小姑」と位置づける意味がはっきりと見えてきます。野田さんの掲げるヴィジョンを安倍内閣で実現することは、非常に難しいことがわかります。

逆に、安倍首相（およびその周辺）が、総裁選に野田さんが出馬することを嫌った意味も見えてきます。野田さんが出馬すると、政策やヴィジョンの対立点が鮮明になり、安倍内閣のあり方が厳しく追及される場面が多くなると予想されました。その点、石破さんは「リスクの個人化」論者であるため、再配分政策をめぐっては大同小異であり、価値観の問題をめぐっても、選択的夫婦別姓やＬＧＢＴ問題に積極的ではなく、論争になりにくいという側面がありました。野田さんが総裁選に出馬していれば、自民党内の多様性が可視化され、政策論争も活発になった可能性があり、国民としては重要な機会を逸したことになります。

一方で、野田さんには明確な弱点があります。

まずは憲法問題。『みらいを、つかめ』でも憲法改正問題について若干触れられていますが、論争に堪えられるレベルの内容ではありません。明らかに勉強不足です。

外交・安全保障問題についても、日米関係の重要性を強調していますが、あまりにもおぼつかない記述に終始しています。沖縄問題についても、基地問題や日米地位協定問題についてはお茶を濁しています。さらに東アジア諸国との歴史認識問題については、まったく記述がありません。

つまり、安倍内閣がこだわる右派的政策に対して、そのオルタナティブを持ち合わせていないという明確な弱点があります。これでは、総理総裁を目指すリーダーとしては、心もとない。安倍内閣とは異なる選択肢を、総合的に提示するレベルには至っていません。

また、エネルギー問題をめぐっても「再生エネルギーの拡大」には言及するものの原発をどうすべきかについては明確なヴィジョンがなく、歯切れの悪い記述に終始しています。

TPPについては反対派の立場だったはずなのですが、『みらいを、つかめ』では「TPPやEU（欧州連合）との経済連携協定を生かすためにも、食品安全の国際認証（HACCAP、GAP等）の取得を促進していく必要があります」という記述があり、賛成に転じたようにも読み取れます。

野田さんは少子化問題や選択的夫婦別姓問題など、特定の問題については理念も政策もしっかりした政治家です。この点は高く評価されるべきですし、自民党のなかでも独自の存在感を示しています。人生の切実な経験と掲げる政策が一体化している点も、政治家として素晴らしいことだと思います。

一方で、弱い分野が多すぎるという傾向があります。ヴィジョンの全体像を提示することも苦手といえるでしょう。

二〇一八年の第四次安倍内閣改造によって、総務大臣の職から離れることになったことは、野田さんにとってよかったのではないかと思います。近い将来、総理大臣を目指すのであれば、これから数年の間に「弱点」の克服のための勉強とヴィジョンの確立が必要不可欠になると思います。

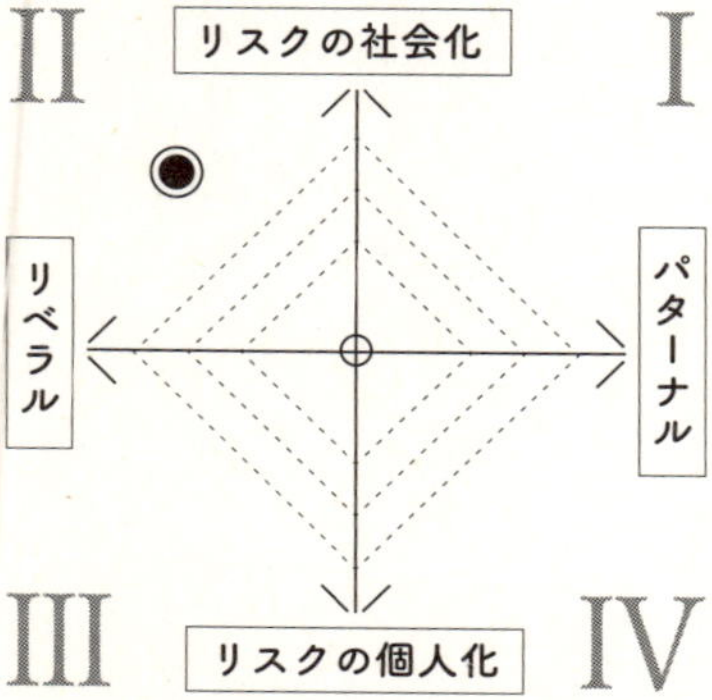


◎選択的夫婦別姓の推進、多様性を強く尊重→リベラル
◎新自由主義批判、少子化対策のための再配分→リスクの社会化
◎憲法、外交・安全保障、エネルギー問題が課題

〈5〉

# 河野太郎

徹底した新自由主義者

# 河野《こうの》太郎《たろう》

衆議院議員。自民党。神奈川県第15区。当選8回。1963年1月10日生まれ。神奈川県平塚市出身。血液型O型。

1985年、ジョージタウン大学（比較政治学専攻）卒業。1986年、富士ゼロックス入社。1994年、日本端子株式会社常務。1996年、衆議院議員初当選。2002年、総務大臣政務官。2005年、法務省副大臣。2008年、衆議院外務委員長。2015年、国家公安委員長・行政改革・国家公務員制度・消費者食品安全・規制改革・防災担当大臣（第3次安倍第1次改造内閣）。2017年、外務大臣（第3次安倍第3次改造内閣）。

2018年11月29日、参院外交防衛委

## 自らの主張を積極的に発信する政治家

二〇一九年現在、安倍内閣の外務大臣として活躍中の河野太郎さん。以前にも二〇一五年十月から翌年八月まで、安倍内閣で国家公安委員会委員長・内閣府特命担当大臣（規制改革、防災、消費者及び食品安全）として入閣しています。歯に衣を着せぬ発言で知られ、既得権益や規制、利権に切り込む姿が印象的ですが、閣僚になると従来の主張がトーンダウンし、批判を浴びることもありました。

父は自民党総裁を務めた河野《こうの》洋平《ようへい》さん。父が肝臓を患った際には、生体肝移植を行ったことが話題になりました。

河野さんは自らの主張を積極的に発信する政治家として知られています。「ごまめの歯ぎしり」と題した自身の公式ブログには、随時、自分の意見や考えを掲載しており、また著書も積極的に出版しています。主要な著書は、以下の八冊です。

① 『河野太郎の国会攻略本』二〇〇三年、英治出版

②『決断――河野父子の生体肝移植』河野洋平との共著　二〇〇四年、朝日新聞社

③『私が自民党を立て直す』二〇一〇年、洋泉社新書

④『変われない組織は亡びる』二宮清純《にのみやせいじゅん》との共著　二〇一〇年、祥伝社新書

⑤『原発と日本はこうなる――南に向かうべきか、そこに住み続けるべきか』二〇一一年、講談社

⑥『「原子力ムラ」を超えて――ポスト福島のエネルギー政策』飯田哲也《いいだてつなり》、佐藤栄佐久《さとうえいさく》との共著　二〇一一年、ＮＨＫ出版

⑦『「超日本」宣言――わが政権構想』二〇一二年、講談社

⑧『共謀者たち――政治家と新聞記者を繋ぐ暗黒回廊』牧野洋《まきのよう》との共著　二〇一二年、講談社

このうち自らのヴィジョンや政策を述べた主著は、『私が自民党を立て直す』、『「超日本」宣言――わが政権構想』の二冊です。これを読めば、河野太郎という政治家の輪郭をつかむことができるでしょう。河野さんのこれまでの歩みと父との関係を知りたい場合には『決断――河野父子の生体肝移植』が適しています。東日本大震災後、河野さんは自民党にありながら脱原発を説く論客として注目が集まりましたが、その主張を知るためには

『原発と日本はこうなる――南に向かうべきか、そこに住み続けるべきか』がまとまっています。『共謀者たち――政治家と新聞記者を繋ぐ暗黒回廊』では、日本のメディアが権力や政治家と手を結び、国民に開示すべき情報を隠していると告発しています。

## 父・河野洋平への敬意と反発

河野さんの特徴は、父・洋平さんと政治的スタンスを異にしている点です。父は子どもに厳しく、恐い存在だったといいます。食事のとり方が気に入らないと厳しく叱責され、時に「いきなりぶん殴られ」「張り飛ばされた」と回想しています（『決断』）。

アメリカに渡り、ジョージワシントン大学を卒業しますが、当初、父はアメリカ留学に反対しました。父の知り合いのアメリカ人のパーティーに出席した際、「アメリカ留学をしたいのだが、オヤジが反対していて困っている」と訴えると、その場にいたアメリカ人全員が日本の大学を卒業してからアメリカの大学院に行くべきだと進言しました。意気消沈していると、父は「あれだけ全員そろって反対ならかえっておもしろいかもしれない、お前行ってみるか」と言い出し、留学が決まります。出発の際は「留学はスポーツと同じようなものだから、全力をつくせ。でもエンジョイしなさい」という手紙を受け取ったといいます(前掲書)。

日本に帰国後、富士ゼロックスに入社し、海外赴任などを経て、日本端子に転職します。そして小選挙区制導入によって父の選挙区が分割されると、神奈川15区から自民党公認で立候補し、当選しました。

この時父は猛然と反対したといいます。「一家で二人も選挙をできるわけがない」と言い、仲間に対しても「太郎は出馬させない」と宣言します。そのため父の協力を得ることができないまま、独断で立候補します。父に応援に来てもらうよう周りから説得されても「河野太郎の選挙だ、河野洋平は関係ない」と突っぱね、選挙戦を戦いました(前掲書)。

河野さんには、父の存在に依存して政治家になったという意識は薄く、むしろ父の考えに背いても自らの意志を貫くという意識が強く働いています。そのため、あとでも述べるようにリベラルな価値観については共有する部分が多いものの、経済政策や福祉、再配分についての考え方には一定の隔たりがあります。河野太郎という政治家を捉える際には、父への愛情と距離感、敬意と反発のバランスを読み取る必要があります。

## 「小さな政府」論者

河野さんの政治家としてのスタンスとして際立っているのは、明確に「小さな政府」を志向しているという点です。彼は繰り返し「小さな政府で経済成長」すべきことを訴え、行政のスリム化を強調します（『私が自民党を立て直す』）。

河野さんの述べる「小さな政府」とは、どのような存在なのか。

まずは「権力の小さい」政府を目指すことが示されます。とにかく余計な規制をつくらない。国家が民間の活動に極力介入しない。羽田空港から国内線を飛ばすのか、国際線を飛ばすのかは航空会社とマーケットが決めることであって、国土交通省の役人が決めることではない。そう主張します（前掲書）。

次に目指すのが、「中央の権限が小さい」政府です。地方が担うことができる領域は地方に任せる。大胆な地方分権を行い、権限を地方に移譲していくことを訴えます（前掲書）。この延長上で「文部科学省はいらない」と論じ、「義務教育に関する権限と財源を自治体に移譲」すべきことを説きます（『「超日本」宣言』）。

三つ目が「公務員の数が小さい」政府。国が余計な口出しをしないことによって、国家公務員を減らす。道州制によって地方の行政組織をスリム化し、地方公務員も減らす。結果的に公務員の総数を減らし、コンパクトな行政を実現する。そんな構想が示されます（『私が自民党を立て直す』）。

最後は、「財政の小さい」政府、そして「税収の小さい」政府。税金が安い代わりに、過度な行政サービスは行わず、マーケットの自立性を尊重するというヴィジョンです（前掲書）。

河野さんは、自己責任型の自民党とセーフティネット強化型の民主党（当時）が切磋琢磨する二大政党制を構想しています（前掲書）。この観点から、旧来の既得権益に依存する自民党政治を痛烈に批判し、新自由主義的な政党へとモデルチェンジすべきことを説きます。

## 競争原理と規制緩和を推進

河野さんにとって、かつての自民党は左派的な存在です。長年のしがらみに基づいて、効果を度外視した再配分が行われてきたことを「社会主義的」と捉えています。

自民党は利権構造や規制によって、不透明な再配分をしてきました。これによって地方の雇用を守り、国土の保全を図ってきたのですが、河野さんは、手厚い保護によって競争原理が失われたことの弊害があまりにも大きいと捉えています。結果、国家や行政への甘えが生じることで、経済成長にブレーキがかかってしまうと言います。

中道左派的な旧い自民党がやってきた敗者を弱者と半ば混同し、規制と補助金で守ってきた政策より、競争の中で強い経済を創り上げようという新しい中道右派の自民党の政策が、この国には必要なのだということを国民に理解してもらうためには、さらに時間がかかる。それでもそれ以外に、この国を救う道はない。(前掲書)

ここで河野さんが強調するのが、規制緩和の重要性です。「国内産業の生産性を上げるためには規制緩和による競争が必要」(前掲書)であり、市場の効率化こそが重要だと訴えます。

日本経済の中の非効率的な規制やルール、慣習を撤廃し、税制を改め、我が国の市場を世界で最も効率的で公平なものに作りかえることによって世界中からヒト、カネ、モノ、情報を日本に集める政策を実行しなければならない。それによって、雇用を生み出し、国民所得を高め、世界で最高レベルの生活水準を保証することができる。

（前掲書）

そのためにはグローバル市場における競争に打ち勝ち、常に利益を上げていく必要があります。もちろんＴＰＰには賛成。「ＴＰＰは、世界的な投資ルールを統一することで、日本への直接投資を充実させていくための有効な手段」であり（『「超日本」宣言』）、ＦＴＡ（自由貿易協定）などによって成長するアジアの市場を日本に取り込んでいくべきと主張します（『私が自民党を立て直す』）。また韓国との思い切った連携を打ち出し、貿易の自由化、サービスの自由化、人の移動の自由化を進めていくべきことを説きます（『「超日本」宣言』）。日本経済が活性化するためには、企業が日本に拠点をつくりたいと思えるような税制にすべきことを訴え、法人税減税によって日本に企業を誘致する構想が打ち出されます。

付加価値の高い業務、付加価値の高い雇用を日本国内に誘致するために、障害となっているものを取り除いていくことがこれからの政府の役目である。

（『私が自民党を立て直す』）

さらに企業活動を活発化するためには、解雇規制の緩和に踏み切る必要があると言います（『「超日本」宣言』）。日本はいったん正社員として雇用されると、よほどのことがない限り解雇されないシステムです。これが日本企業の深刻な足かせになっているとみなし、解雇規制の緩和はやむを得ないと説きます。ただし解雇は柔軟にできるかわりに、行政による教育・訓練プログラムを充実化し、転職や再チャレンジを支援する形態を導入すべきと主張します。

規制緩和の徹底した推進は保育、教育、医療なども例外ではありません。例えば、保育園をめぐる待機児童問題も、思い切った規制緩和によってコストカットを行い、参入規制を撤廃することで数を増やすべきと主張します。

現状では、認可保育園以外は国の設置基準に合わせた施設ではないため、公費補助が少なく、保護者負担が増えると共に、保育士の人件費が抑えられます。正規職員を雇うことは難しく、どうしても非正規の契約職員が増えることになります。当然、離職率は高くなり、安定した運営が難しくなります。安全面でも懸念すべきことが多くなるでしょう。

しかし、河野さんは言います。「それはデメリットだけなのでしょうか」。

公費負担が少ない分、園の数を増やすことができます。それにより子どもを預けて就職する親の数は増加します。給与は安いですが、保育園での雇用も増やせます。子どもを産んだ女性を労働市場に戻すことが政策課題となっているわが国では、非常に重要なことではないでしょうか。（前掲書）

この競争原理の徹底化は教育にも導入すべきと主張し、教える技術の高い教員には待遇をよくし、不適格な教員は排除すべきと訴えます（『私が自民党を立て直す』）。

## 「敗者」と「弱者」を混同してはならない

河野さんが繰り返すのは「敗者」と「弱者」を混同してはならないという点です。「敗者」は資本主義社会のなかで「勝負」に負けた人たちで、条件が整えば再び「勝負」に挑むことができます。政府は再チャレンジを促進するための制度を整えるべきで、例えば雇用保険や職業訓練などを強化すべきだと言います。

一方で「弱者」は身体に障害があったり難病を患っていたりと、他の人と同じスタートラインに立つことができず、公平な「勝負」ができない人たちのことを言います。この「弱者」には社会保障制度を整え、支援する政策が必要だと言います。

市場で競争して敗れたプレイヤーには、再び挑戦することができる機会を保証することが大切だ。そしてそもそも市場で公平に競争することができない弱者に対しては、市場メカニズムの外で安心を提供する仕組みが必要だ。（前掲書）

従来の日本の施策は「敗者」＝「勝てないプレイヤー」を過剰に保護することで、公平な市場を用意することができなかった。その結果、競争原理が働かず、経済が停滞する要因となってきたと主張します。だから、もう既得権益の保護は必要ない。「勝てるプレイヤー」になる努力をしてもらう必要がある。もしそれができないのであれば、市場から出ていくしかない。そう厳しく突き放します。

勝てないプレイヤーをこれ以上守るのではなく、勝てないプレイヤーに、勝てるプレイヤーになるか市場から退出するかの選択を求めざるを得ない。
（前掲書）

そして、「社会は勝者を称え、尊敬する」。これに対して「勝者は汗を流して、稼いだお金の一部を社会のために使う」（『「超日本」宣言』）。それは税金として政府に委ねるか、自分の価値観に基づいて寄付などを行うか、選択肢を与えられるべきだと言います。

小泉政権が終わると、格差社会の問題が取り上げられ、構造改革の弊害が説かれることが多くなりました。これに対し、河野さんは真っ向から反論します。構造改革が悪いのではない。構造改革を徹底してこなかったことが、日本経済の停滞を招いている。構造改革によって競争力をつけるしか生き残る道はない。そのために国家ができることは、徹底した規制緩和であり、効率的な市場を創り上げること。マーケットの障害になっているものを取り除いていくことが国家の役割。そう強く主張します。

## 新自由主義政策の延長にある脱原発

以上のような、かなり徹底した新自由主義的主張は、原発政策にも向けられます。河野さんは3・11以前から日本の原子力政策に疑問を呈しており、特に「核燃料サイクル」政策の巨大なムダを批判していました。

日本には四十トンものプルトニウムが余っており、処理ができずに困っている現状があります。しかし、一方でプルトニウムをもっと取り出そうとする計画が進行します。プルトニウムの再処理工場にかかる費用は膨大で、かつ今後いくらかかるのかの見通しも立っていません。こんな計画を進めていくことにどれだけの意味があるのか。

なぜ、十数兆円を超える莫大なコストをかけて、当面必要のないプルトニウムを取り出すこの再処理工場を稼働させなくてはならないのだろうか。なぜ、三〇年前に立てた計画を変更し、再処理を中止することができないのだろうか。（前掲書）

この主張は3・11以前の二〇一〇年のものです。福島第一原発の事故が起こると、原子力発電所は経済採算性が合わないと主張し、原子炉の新設に待ったをかける言動を繰り返しました。

河野さんにとって、日本の原子力政策は既得権益の塊にほかなりません。電力会社、経産省、政治家、そしてマスコミが癒着し、利益を独占してきた構造こそが問題視されます。

河野さんは再生エネルギーへの大転換を促し、「二〇五〇年までに現在の電力使用量の六割を再生可能エネルギーで発電」すべきことを説きます。また、「電力会社の地域独占、総括原価方式を廃止し、発送電を分離」すべきことを主張します(『「超日本」宣言』)。ここにも規制緩和による市場化の徹底を進める姿が反映されています。河野さんの脱原発論は、新自由主義的政策の延長上で説かれている点に特徴があります。

## 外国人労働者受け入れ、外交・安全保障のコスト

日本の労働力不足については、積極的な外国人労働者の受け入れが必要と一貫して主張

しています。

河野さんが問題視するのは、従来の研修制度です。これは「現代の奴隷制度」であり、「日本の恥でもあり、一刻も早く廃止するべき」と言います（『私が自民党を立て直す』）。外国人労働者に対しては、きちんと「労働ビザ」を出すべきと主張し、発給の条件として一定の日本語能力を課すことを提言します（前掲書）。そして、次のように言います。

労働ビザで入ってきた外国人には、定住、永住ビザへの切り替えや、最終的にこの国の未来を一緒に担っていく気になった者には、国籍取得を可能にする道を開いておく必要がある。（前掲書）

外交・安全保障政策については、あくまでも日米安保条約が機軸であるとし、アメリカの戦略と連動することによって、防衛費が抑制されると主張します。沖縄にアメリカの海兵隊が存在することが「間違いなく中国に対する抑止力になっている」と言い、「在日米軍基地は当面、維持していくべきである」と論じます（前掲書）。

在日米軍は、「東アジアの平和と安定を守る公共財である」としばしば言われる。私も同意見だ。在日米軍は日本の防衛だけではなく、東アジアのパワーバランスを保つことも目的としている。そして、日本は、基地を提供し、一定の財政支援を行うことによりそのコストを支払っているのだということを忘れてはならない。（前掲書）

ただし、今後は「アメリカの『フォロワー』から脱却し、新しいアジア太平洋地域でのリーダーとなる日本外交を展開」すべきと主張します（『「超日本」宣言』）。アメリカが覇権国として振る舞い続けることは難しく、中国の影響力が強まることは避けられません。そんな状況に対応して、日本はアメリカ、韓国、ＡＳＥＡＮ諸国と協力しつつ、アジア太平洋地域の「地域機構」をつくるべきことを提唱します。アジアでの中国の力を相対的に削《そ》ぎ、中国の経済支配を抑制する戦略を構想します。

河野さんの特徴は、外交・安全保障問題についてもコスト問題が強調される点です。この観点から、政府開発援助（ＯＤＡ）の半減が提案されます（『私が自民党を立て直す』）。

ＯＤＡを搬出することだけが外交ではなく、事実、日本ほど経済力はなくても、高

い外交力で存在感を示している国は多い。日本には、外交官の能力を向上させる取り組みが必要だ。（前掲書）

## 政策の中核はリスクの個人化

最後に河野さんの価値観を見ていきたいと思います。彼は「リベラル」なのか「パターナル」なのか。著書のなかではほとんど触れられていないのですが、公式サイトではスタンスへの言及があります。

例えば選択的夫婦別姓についてですが、「ごまめの歯ぎしり」二〇〇一年十一月十六日号で「僕は、選択的夫婦別姓に賛成です」と明言しています。これからはひとりっ子同士の結婚も増えていく。既婚女性が職業上、責任ある地位につくことも増えていく。別姓が認められないことが要因となって事実婚が増えていくことは、好ましいことではない。だから、選択的夫婦別姓には賛成だと言います（「ごまめの歯ぎしり」第一八号『国会議員は詐欺師か』「例外的夫婦別姓について」）。

首相の靖国神社参拝についてはどうでしょうか。

二〇〇四年十一月二十九日号では、中国が首相公式参拝を批判する理由を丁寧に説明し、相手の主張をしっかり理解すべきことを説いています。

河野さんは総体的に「リベラル」な志向性を持っていると判断できますが、政治家として実現した政策の中核は、価値観の問題ではなく、「リスクの個人化」にあります。この点も、父・洋平さんと微妙なズレがあります。洋平さんは慰安婦問題についての「河野談話」で知られていますが、親子関係から河野さんの思想を捉えることには慎重になるべきでしょう。

河野さんの位置づけを見てみましょう。もうおわかりのとおり、河野さんはかなりはっきりとしたⅢのタイプの政治家です。ご本人は著書のなかで、積極的に使っていませんが、「新自由主義」を志向する政治家と言っていいでしょう。

二〇一八年の自民党総裁選で見ると、Ⅳのタイプの安倍さんよりも、同じⅢのタイプの石破さんのほうがヴィジョンや政策的には近いと言えます。安倍さんとは価値観の軸で差異がありますが、横軸に政治家としての比重が置かれていないため、閣内で決定的な齟齬をきたすことはないと思います。外交・安全保障政策も、基本的には安倍内閣の路線の範囲内と言えます。

河野さんの政策には賛否があると思いますが、非常に総合的でクリアなヴィジョンを持った政治家であることは間違いありません。今後は、「リスクの社会化」を志向する立憲民主党などの野党からの投げかけに対し、いかに応答するかが問われます。

首相候補として安倍内閣との違いを出すためには、価値観の軸における「リベラル」な政策を強調する必要があります。その時、父・洋平さんのリベラリズムを引き継ぎ、東アジアを中心とする交友関係のレガシーを引き継いでいくのか否かが問われます。父からの自立を意識しすぎるあまり、歴史認識などでリベラルなスタンスから遠ざかっていくことになれば、東アジア諸国との間に軋みが生じることになるでしょう。この点を注視したいと思います。

◎選択的夫婦別姓に賛成。総体的にリベラルな志向性
◎政策の中核は価値の問題ではなく、リスクの個人化
◎クリアなヴィジョン、新自由主義を志向

〈6〉

# 岸田文雄

敵をつくらない「安定」感

## 岸田《きしだ》文雄《ふみお》

衆議院議員。自民党。広島県第1区。当選9回。1957年7月29日生まれ。東京都渋谷区出身。血液型AB型。

1982年、早稲田大学法学部卒業、株式会社日本長期信用銀行入社。1987年、岸田文武衆議院議員秘書。1993年、衆議院議員初当選。1999年、建設政務次官。2001年、文部科学副大臣。2007年、沖縄・北方・再チャレンジ担当大臣（第1次安倍内閣）。2008年、消費者行政担当大臣、宇宙開発担当大臣（福田内閣）。2011年、自民党国会対策委員長。2012年、外務大臣（第2次安倍内閣）。2017年、兼防衛大臣（第3次安倍改造内閣）、自民党政務調査会長兼日本経済再生本部長。

2018年10月2日、記者会見に臨む

## ヴィジョンを示さず、敵をつくらない

安倍内閣では外務大臣を長期間務め、総理候補として名前が挙がる岸田文雄さん。二〇一八年には自民党総裁選へ意欲を見せましたが、最終的に出馬を断念しました。総裁選投票後は、記者に向けて「私もチャンスがあれば挑戦したい」と語っており、総理を目指す意思は強くあるようです。

そこで、岸田さんの理念や思想、ヴィジョンを分析したいと思うのですが、これがなかなか難しい。というのは、岸田さんは一冊も著書を出しておらず、自らの考えをアピールすることに消極的な政治家なのです。

岸田さんはその時どきの権力者に合わせ、巧みに衝突を避けてきた政治家です。はっきりとしたヴィジョンを示さないことによって敵をつくらず、有力な地位を獲得してきた順応型で、よく言えば堅実、冷静。しかし、この国をどのような方向に導きたいのかよくわからず、何をしたいのかが極めて不明瞭な政治家です。

とにかく、当たり障りのないことを言う天才。発言に対して強い反発が起こらないかわ

りに、政策やヴィジョンに対する強い共感も広がっていません。ハト派と言われる宏池会のエースというリベラルなイメージが先行していますが、具体的な政策提言に反映されておらず、本当にリベラルなのかどうかも定かではありません。

積極的に評価をすれば、優れたバランス感覚を持った現実主義の政治家。極端を避ける冷静さと慎重さを有していると言えるでしょう。ただし、どのような社会をつくっていきたいのかという肝心のヴィジョンが見えないため、この人に日本の舵取りを任せた時、いかなる政策が展開されるのかが見通せません。

これを「安定」感と見るべきか、信念なき日和見《ひよりみ》主義とみるべきなのか。平衡感覚の優れた政治家と見るべきなのか、単に流されやすい政治家とみるべきなのか――。ここを見極めることが、岸田文雄という政治家を評価する際のポイントになるでしょう。

ちなみに、岸田さん本人は、自分のスタンスを宏池会の伝統と絡めて、次のように言っています。

政治スローガン、イデオロギーに振りまわされるのではなく、国民の声を聞きながら、極めて現実的な対応をしていくというのが宏池会で、それが保守本流の基本的なスタ

ンスだと思っています。（「独占　岸田文雄外相インタビュー」『週刊朝日』二〇一六年六月二十四日号）

一方、ある外務官僚は言います。「政策の飲み込みも早く答弁にもそつがないが、安倍首相や菅義偉官房長官の意向を素直に受け入れてしまう。外務大臣としてのプライドがなく、省内では〝スーパー政府委員〟と揶揄されている」（『ＴＨＥＭＩＳ』二〇一五年十二月号）。

さて、岸田文雄の本質はどちらでしょう。

## 安倍首相には従順、福田元首相には共感

岸田さんは一九五七年生まれ。祖父・岸田《きしだ》正記《まさき》と父・岸田《きしだ》文武《ふみたけ》は共に衆議院議員という政治家一家に生を受けました。

岸田さんが六歳の時、政治家になる前の父がアメリカに駐在することになり、ニューヨークのパブリックスクールに通うことになりました。そこでの人種差別体験が、政治家を志すきっかけになったといいます。とにかくおかしいと思ったことには声を上げなければばい

けない。「政治というものを通じて正していかなければならない」（ニコニコ動画「山本一太《やまもといちた》の〝直滑降ストリーム〟」ゲスト：岸田文雄・外務大臣、二〇一三年五月二十七日放送）。そう考えたといいます。

その後、二度の大学受験失敗を経て、早稲田大学に入学します。卒業後は、日本長期信用銀行に入社。約五年の勤務ののち、衆議院議員になっていた父の秘書となります。その父が一九九二年に六十五歳で他界。岸田さんはあとを継ぎ、一九九三年夏の衆議院選挙で初当選しました。この時の初当選組に、安倍晋三さんや野田聖子さんなどがいます。

宏池会に所属した岸田さんにとって最大の難関となったのが、二〇〇〇年に起きた「加藤の乱」でした。宏池会を率いる加藤紘一さんが森喜朗内閣を批判し、野党が提出した内閣不信任案に同調する意向を示した騒動ですが、当初、岸田さんは不信任決議に賛成票を投じる決心を固め、自民党からの除名処分を覚悟したといいます。しかし、党幹部のなりふり構わない切り崩しによって宏池会はバラバラになり、加藤さんも本会議欠席にとどまったことから、岸田さんも共同歩調をとります。反乱失敗によって加藤さんは自民党内での地位を失い、総理候補からも外れることになります。その後、宏池会は分裂。岸田さんは加藤さんの元を去り、堀内派に所属しました。

岸田さんは順調に出世し、小泉内閣では文部科学副大臣に任命されました。岸田さん以上に小泉内閣で台頭したのが、同期の安倍晋三さんです。北朝鮮の拉致問題で強硬な姿勢を取り世論の支持を獲得すると、二〇〇三年には幹事長に抜擢され、次期総理大臣候補にのし上がりました。二〇〇四年四月に岸田さんの選挙区・広島のシンポジウムに迎えられた安倍さんは、文部科学副大臣として活躍した岸田さんを『スーパー副大臣』と呼ばれていました」と称賛。ふたりの蜜月関係をアピールしています（「大臣も見えてきた岸田文雄衆議院議員」『ビジネス界』二〇〇四年五月号）。

二〇〇六年に首相の座を射止めた安倍さんは、翌年、第一次安倍改造内閣で岸田さんを内閣府特命担当大臣（沖縄及び北方対策、規制改革、国民生活、再チャレンジ、科学技術政策）に任命。岸田さんにとって、これが念願の初入閣となりました。

岸田さんは、思想的には異なる立場の安倍さんに対して、従順な態度を貫きます。首相に就任して数ヶ月後の安倍さんを手放しで絶賛し、「非常にバランス感覚の優れた方で、極めて安定していた」と述べています（『中国新聞』二〇〇六年十二月二十日）。一方、安倍内閣が崩壊し、続く福田康夫《ふくだやすお》内閣でも内閣府特命担当大臣に任命されると、今度は「『ハト派』色の強い福田内閣は共鳴する部分も多い」とコメントし、福田首相の考え方にシンパシーを示しました（「広島の顔　岸田文雄さん」『ヴェンディ広島』二〇〇七年十二月一日号）。

民主党政権時代に野党生活を経験したあと、第二次安倍内閣では外務大臣に就任し、専任としては歴代最長を記録します。そして、二〇一七年八月には自民党の政調会長に就任し、現在に至ります。安倍首相とは考え方の相違はあるものの、現実的な対応が重要と述べ（「オバマ広島訪問に期待する」『文藝春秋』二〇一六年六月号）、従順な態度をとっています。このそつのなさが、岸田さんの安定した地位の基礎となってきたと言えるでしょう。

## 「自己責任」なのか？「セーフティネット強化」なのか？

さて、そろそろ岸田さんの思想やヴィジョンに迫っていきたいと思います。ただし、前述のとおり、岸田さんにはまとまった著作がありません。そのため様々な新聞・雑誌に掲載されたインタビュー記事から、岸田さんの考えの骨子をつかんでいくことにします。

まずは、再配分をめぐる基本姿勢を見ていきましょう。岸田さんは「自己責任」型なのか、「セーフティネット強化」型なのか。

岸田さんは、第二次小渕内閣と森内閣で建設政務次官を務めています。旧建設省といえば公共工事。ちょうどこの頃は、公共工事関係費が一気に減少する直前の時期にあたっており、メディアでも「公共工事＝税金の無駄遣い」という批判的な報道が繰り返されていました。この時期に、岸田さんはどのような発言をしていたのか。

基本的に岸田さんは、公共工事を目の敵にするような論調はとっていません。「まだまだ公共工事等で（景気回復を――引用者）下支えしていかなければいけない」と述べ、インフラなどの社会基盤を整えるための努力が引き続き重要であるという認識を示しています（「岸田建設政務次官インタビュー」『建設月報』一九九九年十二月号）。

しかし、手放しで公共工事を礼賛しているわけでもありません。建設業界の重要な部分を育成・存続させていくためには「ある程度の合理化、効率化は当然考えなければいけない」とし、次のように述べています。

やはり選別淘汰は必要になってくるでしょうね。そのときに、やる気のある、力のある企業が選別淘汰の中で生き残っていけるような市場なり、土壌、雰囲気をつくっていかなければいけない。その辺が建設省の役割なのではないでしょうか。

（「第十三回この人に聞きたい――岸田文雄」『土木施工』二〇〇〇年六月号）

この部分を読むと、市場原理に基づいて建設業界に「選別淘汰」を迫る新自由主義者のように見えますが、一方で「現実にそこで人間が生きている以上は、ソフトランディングは心がけなければいけません」とブレーキを踏んでいます。このあたりが岸田さんの特徴で、よく言えばバランスが取れているということになりますが、厳しい言い方をすれば、目指すべき方向性をはっきりと示すことができていないということになるでしょう。

このような「どっちつかず」の立場は、そのあとも続きます。自己責任型のリスクの個人化が進んだ小泉政権期には、次のように述べています。

無駄は省かなければならない。しかし、効率のみを追求するのはいかがだろうか。

（「医療費抑制のために生活習慣病予防を重視――衆議院欧州各国社会保障制度等調査議員団の報告（下）」『週刊社会保障』二〇〇六年五月二十九日号）

制度全体の持続可能性と国民一人ひとりの利害とのバランスをとりながら、改革を進めていくという難しい課題に直面しています。（中略）机の上で数字だけをみて考えるような冷たい政治ではなく、人間の温かさを忘れない政治を続けたいですね。
（「社会状況を踏まえた改革で制度の持続可能性を確保」『週刊社会保障』二〇〇六年三月六日号）

小泉政権は強く支持する。小泉構造改革も推進する。しかし、行きすぎた格差社会の拡大には待ったをかけなければならない。そんな葛藤が見られます。

岸田さんの選挙区は広島1区で、自動車産業の強い地域でもあるため、自動車業界からのFTA・EPA推進圧力を受けてきたようですが、日刊自動車新聞社が刊行する業界雑誌のインタビューでは次のように述べています。

自動車は農業と共に日本として重視していかなければならない産業だが、農業との関係も含めてその舵取りにはなかなか難しい面があるかなと感じている。
（「'07新春インタビュー『自動車税制体系の簡素化に力強く取り組んでいきたい』」『Mobi21』四〇号、二〇〇七年）

ここでも答えは煮え切りません。インタビュアーが食い下がり「FTAは、アジア地域でとくに中国に比べて乗り遅れている観が否めない」と迫ると、「最後はトータルとしての総合力、国益としてどうあるべきなのかという視点が必要になってくるのではないか」と答え、最終的には「バランスの問題」と述べています。

一方、第二次安倍内閣の外務大臣時代には、首相がTPPを推進したため、その方針に従い、各国への積極的働きかけを行いました。雑誌『外交』では、TPPに結実したルールこそ「二一世紀の世界のスタンダードになっていくことが期待されます」と述べ、自由貿易の促進に努めるべきことを訴えています（「巻頭インタビュー　外務大臣岸田文雄：「変化の年」を展望する」『外交』二〇一七年一月号）。

とにかく明確なスタンスを打ち出すことはせず、その時どきの政権の方針に柔軟に対応し行動するという姿勢は一貫しています。だから、岸田さん自身の理念が見えづらい。岸田さんが首相になったら、「リスクの個人化」を目指すのか、「リスクの社会化」を目指すのか、やはりよくわかりません。

ちなみに財政再建については一貫して積極的で、二〇一七年の衆議院選挙の際に行われた「朝日・東大谷口研究室共同調査」では、「A：国債は安定的に消化されており、財政赤字を心配する必要はない」「B：財政赤字は危機的水準であるので、国債発行を抑制すべきだ」の二択の問いに対して「どちらかと言えばBに近い」と答えています。

近年、政調会長として強調しているのは、自民党が二〇一七年の衆議院選挙で掲げた「生産性革命」と「人づくり革命」の推進です。「生産性革命」は、イノベーションや税制改革、規制緩和を進めていくという方針で、「人づくり革命」は、子育て、介護、教育を重点的に支援することで将来への不安を軽減しようとするものです。財源は消費税の増税。安倍首相が示した一〇%への消費税増税にも賛成です。これらの議論も近年の自民党の方針を継承したもので、岸田さんならではの特徴は見受けられません。

## 一貫して原発推進、ブレる憲法論

原発政策ですが、これは一貫して推進の立場をとっています。東日本大震災前の二〇〇八年には、『日本原子力学会誌』で次のように述べています。

原子力発電は、エネルギー安定供給の確保に貢献できるとともに、二酸化炭素を発電過程で排出せず、ライフサイクル全体で比較しても、単位発電当たりの排出量が石油火力の3%弱であり、地球温暖化対策としても有効な手段です。

(「巻頭言　温暖化対策に大きな役割を果たす原子力利用の国際展開」『日本原子力学会誌』二〇〇八年七月号)

3・11による福島第一原発の事故後も、原発再稼働に積極的な立場を堅持しています。二〇一七年の「朝日・東大谷口研究室共同調査」でも、「原子力規制委員会の審査に合格した原子力発電所は運転を再開すべきだ」という設問に「どちらかと言えば賛成」と答えており、「A：いますぐ原子力発電を廃止すべきだ」「B：将来も原子力発電は電力源のひとつとして保つべきだ」という二択の設問にも「どちらかと言えばBに近い」と答えています。

憲法についてはどうでしょう。岸田さんは、二〇一五年十月五日に派閥の研修会で、次のように述べたと報じられました。

宏池会は憲法に愛着を持っている。当面、憲法9条自体は改正することを考えない。これが私たちの立場ではないかと思っている。

(『THEMIS』二〇一五年十二月号)

しかし、この発言がニュースとして配信されると、憲法改正を目指す安倍首相が「激怒」

したと伝えられ、岸田さんは一転、「憲法は重要だが、時代の変化に対応することも必要」と述べました（同前）。以降、改憲については「時代の変化にも対応してよりいいものに変えていこうというスタンス」（『週刊朝日』二〇一六年六月二十四日号）と説明し、安倍首相の示す改憲案に異を唱えることはしていません。

『週刊文春』での阿川佐和子《あがわさわこ》さんとの対談では、次のようなやり取りがなされています。

岸田　時代の流れに合うような憲法改正自体は私も自民党の人間として否定はしていませんん。でも、問題はなにをどう改正するかですから、「改正ありき」ということではありません。

阿川　岸田さんはハト派と言われる宏池会の会長でもありますよね？

岸田　声高に叫んでる方々よりは消極的に見えるのかもしれません。

阿川　じゃあ、政治信条的に安倍さんとは……。

岸田　少し違うのではないかと思っています。ただ、政治の有り様として、結果を出さなければいけない。そこに強い思いを持っている点については私も同じ考えですが。

（「第一一〇二回　阿川佐和子のこの人に会いたい――岸田文雄」『週刊文春』二〇一六年二月十八日号）

『週刊東洋経済』に掲載された塩田潮《しおたうしお》さんのインタビュー記事のなかでは、次のように語っています。

9条に何か付け加えることによって、自衛隊が違憲だという疑念を払拭したいという安倍首相の思いも理解する。実態面が変化しないなら、私の考えとまったく違いがない。

（塩田潮「第四十三回ひと烈風録　岸田文雄　躍り出た次の首相候補「リベラル」の旗印は本物か」『週刊東洋経済』二〇一八年二月三日号）

いずれにしても、憲法九条をめぐるスタンスがブレていることは事実です。時の政権への柔軟な対応を貫いてきた岸田さんの危うさが、ここに顕著に表れていると言えるでしょう。政権の意向に応じて、大切にしてきた理念を簡単に曲げてしまうようでは、有権者からの信用を損ねることになります。

## 靖国問題に対するあいまいな態度

靖国神社への首相の参拝についても、その態度はあいまいで、明確なスタンスが見えてきません。自らが首相になった際に、参拝するか否かについて、管見の限り、明言を避けています。

二〇〇六年八月十五日に、小泉首相が参拝した際には、テレビ番組で次のように発言しています。

靖国へ参拝すること自体の、国のために命をかけて時代に立ち向かった方に対する敬意を表するという意味では支持します。しかし、総理大臣が参拝するかどうか、日にちも含めて、参拝の有り様、そして環境整備など、もっと丁寧な配慮が必要だったとは思います。

（二〇〇六年八月二十五日放送、広島テレビ「テレビ宣言」出演時の発言）

首相が国のために戦った先人たちに対して敬意を表することには賛成するが、参拝するか否かについてはもっと配慮が必要だった――。では、どのような配慮があれば、参拝を全面的に支持するのか。この点については明言がありません。自らの靖国参拝に対するスタンスについても、この時、具体的な言及はありません。

安倍首相は二〇一三年十二月に靖国参拝を行いましたが、岸田さんは外務大臣として「首相個人の心の問題」と言及し、「この問題が政治問題、あるいは外交問題として大きくならないよう努力するのが私の務めだ」と火消しに追われました。二〇一四年四月八日付の『ニューヨーク・タイムズ』(電子版)のインタビューでは、「わが国がなすべきことは、過去を謙虚に受け入れ、繰り返し深い悔恨の意を表明し、何よりも69年間平和の道を歩いてきたことを示すことだ」と述べ、安倍内閣の歴史認識に対する懸念を払拭しようとしています。一方、具体的な歴史認識について、自らの見解に踏み込んだ発言はありません。

## 核廃絶への思い

岸田さんは、一貫して日米安保堅持のスタンスをとっています。しかし、アメリカの核の拡大政策については厳しい見方を提示してきました。

繰り返しになりますが、岸田さんの選挙区は広島1区です。選挙区内に原爆ドームがあり、爆心地があります。そのため核軍縮についての強い思いを持っており、日本は唯一の被爆国として核軍縮問題に取り組む「道義的な責任」があると言及しています（林《はやし》真理子《まりこ》との対談「七二四回　マリコのゲストコレクション：岸田文雄」『週刊朝日』二〇一四年七月二十五日号）。

岸田さんの見るところ、核兵器のない世界に向けて前進するためには、「核兵器国」と「非核兵器国」の協力が欠かせません。しかし、現実には両者の対立が先鋭化し、合意形成が困難な場面が繰り返されています。「日本は核兵器国と非核兵器国が協力できる素地をつくり、かつ現実的で実践的な結果が出るような方向で汗をかかなければならない」。そう述べます（「巻頭インタビュー　外務大臣岸田文雄　動き始めた東アジア近隣外交――日本外交の一年を展望する」『外交』二〇一六年一月号）。

安保法制が議論された二〇一五年八月の国会では、野党から「この法律で核兵器は運べるのか」という質問が出され、当時の中谷元《なかたにげん》防衛相が「法律的には核兵器も運べることになっている」と答弁すると、岸田さんがすかさず「非核三原則もあり、核兵器を運ぶなどとは考えてもいないし、現実的ではない」と答えています（前掲『週刊東洋経済』二〇一八年二月三日号）。

二〇一七年の「朝日・東大谷口研究室共同調査」でも「非核三原則を堅持すべきだ」との問いに、「賛成」と明確に答えています。

そんな岸田さんにとって、地元広島へのアメリカ大統領訪問は悲願でした。二〇一六年五月にオバマ大統領の訪問が実現すると、「胸にこみ上げるものを感じ」たといいます（前掲『外交』二〇一七年一月号）。不明瞭なスタンスをとることが多い岸田さんですが、核兵器の問題については常に踏み込んだ発言を行い、核廃絶への思いをはっきりと述べています。

## 本当にリベラルなのか？

さて最後に、岸田さんの価値観の大枠を見てみたいと思います。

前述の阿川佐和子さんとの対談では、尊敬する政治家として宮澤喜一元首相を挙げ、「どんなところを尊敬して？」との問いに、次のように述べています。

権力に対する考え方ですね。多様性を尊重する部分です。戦時中の暗い時代を経験されて、圧力の中で自由にものが言えなかったり行動できなかった経験から、お考えを作っていかれたんでしょう。直接お話を伺う中で自由の大切さ、権力の使い方を間違ってはいけないということを教えていただき、影響を受けました。地元も同じ広島ですし。

(前掲『週刊文春』二〇一六年二月十八日号)

つまり宮澤さんのリベラルな姿勢に、尊敬の念を抱いていると語っています。これは宏池会の伝統とも合致しますし、岸田さんの一般的なイメージとも相違がないでしょう。

しかし、肝心の政策になると、岸田さんのスタンスは一気に不明瞭なものになります。二〇一七年の「朝日・東大谷口研究室共同調査」では、「男性同士、女性同士の結婚を法律で認めるべきだ」との問いに対して無回答。「夫婦が望む場合には、結婚後も夫婦がそれぞれ結婚前の名字を称することを、法律で認めるべきだ」との問いに対しても無回答。「A：夫婦と複数の子どもが揃っているのが家族の基本形だ」「B：ひとり親家庭やDINKSなど家族の形は多様でよい」に対しても無回答になっています。

とにかく夫婦別姓問題やLGBTの権利の問題について、積極的な発言はなく、リベラルというイメージが政策に結びついていません。

岸田さんを図で位置づけたいと思うのですが、ここまで見てきたように、縦軸についても横軸についても不明瞭な点が多く、どのゾーンに位置づけるべきか、難しいというのが結論です。あえてということであれば、ちょうど「0」の中心点に位置づけるしかないだろうと思います。

おそらく岸田さん本人としてはⅡからⅢのゾーンを志向しているのだと思いますが、とにかく自らのヴィジョンを語る勇気を持たない限り、国民は首相にふさわしい人物か否かの判断ができません。

もしかすると、第一次安倍内閣のあとの福田内閣のような「振り子」現象によって（つまり「タカ派」に対する「ハト派」への揺り戻しによって）、首相の座が手に入ることを期待しているのかもしれません。しかし、その時どきの情勢に流されやすく、政治家としての信念が希薄なのであれば、どこに向かって漂流するのかわからないという不安が常につきまといます。

確かに岸田さんには、他者に対する配慮とバランス感覚が備わっていると思います。過剰な自己アピールやスタンドプレイが横行する政界にあって、控え目で沈着な姿勢に期待が寄せられることにも納得がいきます。

宏池会の先人としては、大平正芳《おおひらまさよし》元首相が思い浮かびますが、大平さんの場合、そのバランス感覚の土台には幅広い教養と深遠な哲学がありました。だから、ヴィジョンが明確で、かつ現実主義的な政治を展開することが可能でした。

残念ながら、岸田さんにはそれが見られません。

今の岸田さんに必要なことは、覚悟を決めて自らのスタンス・理念・政策を明示することではないでしょうか。国民に自らの政治家としての信念や理念を示し、時に安倍首相とぶつかることも厭《いと》わない勇気が必要なのだと思います。

第1章で紹介したように、安倍首相は祖父・岸信介が大野伴睦に「次の政権を大野氏に譲る」という趣旨の念書をしたためながら、反故にしたというエピソードを教訓としています。安倍首相に全面協力することで、政権を禅譲されるという期待は持つべきではありません。

岸田さんに必要なのは、権力者の顔色を見ず、自らの考えを示す勇気と知性です。

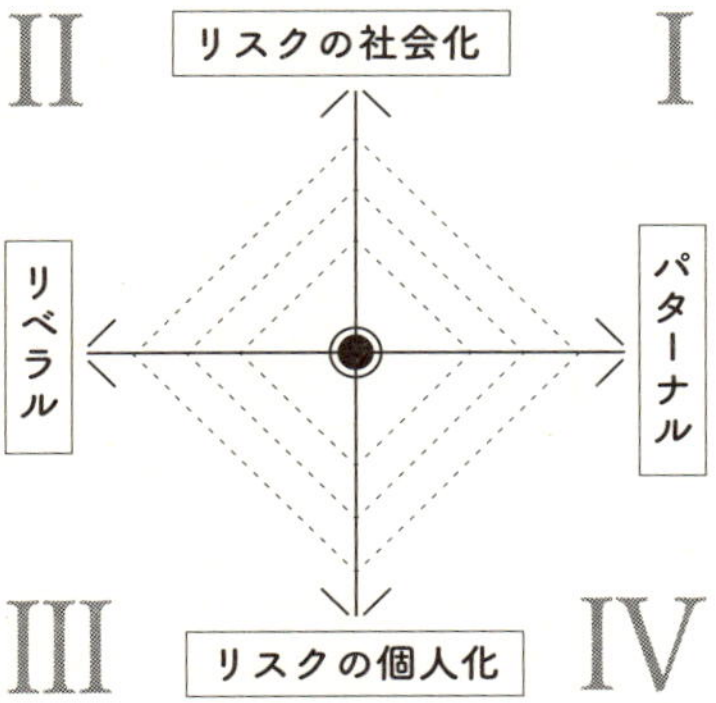


◎核兵器の問題については常に踏み込んだ発言
◎リベラルというイメージが政策に結びついていない
◎ヴィジョンが不明瞭

〈7〉

# 加藤勝信

## リスクの社会化を実現するために

# 加藤勝信

かとう・かつのぶ

衆議院議員。自民党。岡山県第5区。当選6回。1955年11月22日生まれ。東京都出身。血液型B型。

1979年、東京大学経済学部卒業、大蔵省入省。1994年、農林水産大臣秘書官。1995年、加藤六月衆議院議員秘書。2003年、衆議院議員初当選。2007年、内閣府大臣政務官。2010年、自民党副幹事長。2012年、内閣官房副長官（第2次安倍内閣）。2014年、兼内閣官房内閣人事局長。2015年、一億総活躍・女性活躍・再チャレンジ・拉致問題・国土強靭化・少子化対策・男女共同参画担当大臣（第3次安倍第1次改造内閣）、2017年、厚生労働大臣（第3次安倍第3次改造内閣）。2018年、自民党総務会長。

2018年10月9日、総務会後の会見

## 加藤六月の娘婿、安倍家との関係

二〇一八年の自民党総裁選後に、自民党総務会長に就任した加藤勝信《かとうかつのぶ》さん。着任直後の十月五日、『読売新聞』に「『ポスト安倍』　加藤氏急浮上　再び要職　首相の信頼厚く」という見出しの記事が掲載され、一気に首相候補として取りざたされるようになりました。しかし、今でも知名度はそれほど高くなく、国民の間でも「どんな政治家なのかピンとこない」「顔と名前が一致しない」という人が多いのではないかと思います。

加藤さんは東京生まれで、父親の室崎勝聰《むろさきかつとし》は日野自動車工業の取締役副社長を務めました。東京学芸大附属小金井小学校・中学校に進みますが、この時の同級生に日本労働組合総連合会会長の神津里季生《こうづりきお》さんがいます。ふたりは学校から家の方向が同じだったので、よく一緒に帰っていたと回顧しています（神津里季生氏との対談「働き方と社会保障の改革は『党派』を超えて」『新潮45』二〇一六年五月号）。

東京大学経済学部を卒業後、一九七九年、大蔵省に入省しキャリアを積み重ねますが、あることをきっかけに政治家の途へと踏み出してゆきます。それは自民党の有力政治家だった加藤六月《かとうむつき》さんとの出会いでした。

もともと政治家志望だった加藤勝信さんは、大蔵省に強い影響力を持つ自民党税調会長を長年務めた加藤六月さんと知り合い、目をかけられるようになります。そして、その娘（二女）と結婚。「室崎」姓から「加藤」姓に変更します。その後、大蔵省を退官し、加藤六月さんの秘書を務めました。

加藤六月さんは安倍晋太郎さんの信頼が厚く、「安倍派四天王」の筆頭と言われていました。そのため、加藤家と安倍家は家族ぐるみのつき合いがあり、妻同士が親友関係になりました。「妻同士」とは、つまり安倍晋三首相の母・洋子《ようこ》さんと、加藤勝信さんの義母・睦子《むつこ》さんのことで、今でもふたりは「姉妹と言われるほど親しい」とされています。この両家の深い関係が、のちに加藤勝信さんの政治家人生を切り開くことになります。後述するように、加藤さんは安倍晋三内閣で重用され、今日の有力政治家としての地位を築きました。この安倍晋三さんとの関係が、加藤さんという政治家を考える際、最も重要なポイントになります。

## 安倍内閣で一気に出世

加藤さんは、当初すんなりと政治家になれたわけではありません。安倍晋太郎さんが亡くなったあと、義父の六月さんが権力闘争に敗れ、自民党を離党。加藤勝信さんは一九九八年に参議院議員選挙に岡山県選挙区から出馬するのですが、無所属での出馬となり落選。さらに、二〇〇〇年の衆議院議員総選挙に自由民主党から出馬したのですが、選挙区から出ることができず、比例中国ブロック単独七位で落選。八年間の浪人生活を送ることになりました。

二〇〇三年の衆議院議員総選挙で、比例中国ブロック単独三位で自民党から出馬し、ようやく当選。六月さんが所属していた清和会（旧安倍派）ではなく、岡山選出の橋本龍太郎さんが会長を務める平成研究会（旧竹下派）に入会しました。

二〇〇七年、第一次安倍改造内閣が発足すると、内閣府大臣政務官に抜擢されます。しかし、同年七月の参議院議員通常選挙で自民党が大敗。同年九月に安倍改造内閣が退陣し、福田内閣が発足しました。加藤さんは内閣府大臣政務官を留任となりますが、盟友の安倍晋三さんが失脚してしまったため、頼みの綱を失ってしまいます。

加藤さんは、安倍内閣崩壊を機に設立された「創生『日本』」に加盟し、安倍さんを支えます。この会は「伝統・文化を守る」「疲弊した戦後システムを見直す」「国益を守り、国際社会で尊敬される国にする」という指針を掲げた右派議員集団で、当初は中川昭一さんが会長を務め、二〇〇九年から安倍晋三さんが会長に就任しました。加藤さんは事務局長を務め、安倍さんをサポートします。

二〇一二年九月の自由民主党総裁選挙では、安倍晋三さんの推薦人となり、復権に貢献します。その功績もあって、第二次安倍内閣では別の派閥に属しながら、内閣官房副長官に起用されます。二〇一四年五月には、内閣人事局発足に伴って、初代の内閣人事局長に任命されました。

加藤さんは、以前から行政機構のシビリアンコントロールの重要性を説いていました（「国民のための明瞭な仕事を行うことが重要」『時評』二〇〇八年一月号）。大蔵省出身で行政機構のあり方に精通している彼は、ここで能力を発揮します。官僚の人事を巧みに掌握し、官邸主導の政治運営を構築。官僚の「忖度」が、一気に加速します。ある財務省幹部は、次のように言っています。「加藤氏に官邸主導の人事を見せつけられ、無駄な抵抗は止めたほうがいいと悟った」（「「お友達」に官僚が斬れるか――加藤勝信　一億総活躍担当相「アベノミクスの成否」握る」『THEMIS』二〇一五年十一月号）。

二〇一五年十月七日に発足した第三次安倍第一次改造内閣では、内閣府特命担当大臣（少子化対策、男女共同参画）及び一億総活躍担当、女性活躍担当、再チャレンジ担当、拉致問題担当、国土強靭化担当として初入閣を果たします。二〇一六年八月には、新たに設けられた働き方改革の担当大臣を兼任します。

二〇一七年八月には厚生労働大臣に就任しますが、任期中に厚労省でデータ改竄問題が発覚し、国会が紛糾します。現在の厚労省不正統計問題につながる問題の矢面に立ちますが、辞任には至らず、大きなダメージを受けることを免れました。

そして、二〇一八年十月に自由民主党総務会長に就任。現在に至っています。

## リスクの社会化を目指す

さて、加藤さんの理念と政策を見ていくことにしましょう。しかし、加藤さんは一冊も著書を出しておらず、彼が何を考えている政治家なのかを体系的に知ることができません。そのため、第6章の岸田文雄さんと同様、様々な雑誌などに掲載された寄稿文・インタビュー・対談を読み、分析する必要があります。

加藤さんの最大の特徴は、新自由主義が自民党内を席巻するなか、珍しく「リスクの社会化」政策に取り組んできたという点にあります。

加藤さんは二〇〇九年、次のように述べています。

日本は、家族、地域社会、企業が社会保障の一部を担ってきた側面があります。しかし、国際化、競争の激化といった社会的な動きを背景に、この20年程でそういった機能が低下してきました。この低下した機能を補いきれていないのが現状です。そのため、さまざまなリスクに個人が裸でさらされるようになっています。派遣村が話題になりましたが、昔なら失業しても帰るところがあったでしょう。不安や懸念が広まっている背景には、そうした社会の変化に対応できていない現状があると思います。

低下してしまった社会保障の機能を今後どのように補っていくのかを議論し、新しい体制を作っていく必要があります。

（「超党派協議の場を設置し財源も含めて真摯に議論を――加藤勝信氏（自民党厚生労働部会長）に聞く」『週刊社会保障』二〇〇九年十一月二日号）

かつての日本は、様々なリスクに対して、家族、地域社会、企業などが力を発揮し、対処していました。しかし、社会の流動化によって、その機能は急速に低下し、国民が裸の状態でリスクにさらされるようになりました。これを本来であれば行政がカバーし、セーフティネットを整える政策を行うべきだったのですが、新自由主義の席巻により、新たな社会保障制度が確立されることはなく、「官から民へ」の号令のもと、様々な市場化が進行しました。

加藤さんは、このような状況に危機感を抱き、新たな時代の社会保障制度の確立に奔走します。

## 一億総活躍社会の実現

加藤さんが尽力したことのひとつに、国民皆保険制度の維持があります。彼は次のように明言します。

いつでも、誰でも、どこでも医療にかかることができるという国民皆保険制度は世界に誇るべき素晴らしい制度です。

（「全国大会に寄せて　厚生労働大臣と3党の代表者が挨拶」『健康保険』二〇〇九年十二月号）

しかし、この制度は「コストは非常に低く抑えられている」ため、維持が困難になりつつあります。「医師や看護師等の医療従事者の個人の努力により、なんとか成り立ってい」るものの、「個人の努力に依存していては制度として持続性」がありません。そこで加藤さんは、診療報酬の見直しを訴えてきました（「超党派協議の場を設置し財源も含めて真摯に議論を――加藤勝信氏（自民党厚生労働部会長）に聞く」『週刊社会保障』二〇〇九年十一月二日号）。

厚生労働大臣時代には、国民健康保険の安定化を図るために公費拡充を主張し、負担軽減に取り組みました。

こういった姿勢の延長上にあるのが、安倍内閣が打ち出した「一億総活躍社会」です。これは安保法制で低下した内閣支持率の回復を目指して打ち出されたもので、選挙対策という側面が否めませんでしたが、加藤さんは担当大臣として、この政策を主導します。

彼は、「成長と分配の循環によって、新たな社会経済システムを作っていきましょうというのが、『一億総活躍社会』の意味するところ」とし、再配分の強化による経済成長促進を訴えます。力強い成長をするためには、社会的弱者となった人たちが「夢や希望を持って家庭や地域社会や職場等でもう一歩前へ踏み出して行ける社会」が必要だと述べます（徳川《とくがわ》家広《いえひろ》との対談「「公」を生きる（後編）」『経済界』二〇一六年二月九日号）。

そこで二〇一六年六月には、次の三つのプランが目標として掲げられました。

① 戦後最大の名目GDP六百兆円
② 希望出生率一・八
③ 介護離職ゼロ

加藤さんがこだわったのは、このうちの「希望出生率一・八」です。現代日本社会の大きな問題は、間違いなく少子高齢化と人口減少です。人口が減るということは、消費者が減るということを意味します。そうすると経済規模が縮小するという将来予測が共有され、不安や悲観論が先行し、消費や設備投資が滞ります。この不安を払拭するためには、希望出生率を上げる必要があります。ではどうすればいいのか。

まずは、「子育て支援」の充実です。待機児童を解消するためには、保育施設の拡張と保育士の処遇改善が必要で、そのための予算措置を模索しました。さらに、将来の賃金の見通しをよくするために、雇用の安定が必要であることを訴え、労働環境の改善に取り組みました。これは、このあとの「働き方改革」につながっていきます。

## 子どもの貧困の解決

加藤さんが強く訴えてきたことに、子どもの貧困の解決があります。

近年の日本では、子どもの相対的貧困率が過去最高を記録しており、子どもの六人に一人が貧困状態にあると言われています。子どもの貧困を放置すると、将来の国家の発展を阻害することにつながるため、子どもの貧困対策こそ、未来への投資となると、加藤さんは言います。

子どもの貧困の要因を見ていくと、母子家庭の母親の就労環境の問題が浮上します。彼女らの就労率は八〇・六％と高いものの、半数以上が非正規雇用で、平均年収は約百八十一万円と低い水準にとどまっています。また生活保護を受けている母子家庭の約四分の一が、母親に障害や疾患があり、しっかりとしたサポートが必要な状況にあります。

加藤さんは言います。

子供の貧困を解消するには、働き方を改革し、非正規労働者の処遇を改善することや、男女の賃金格差を解消することなど、直接関連がないと思われているような政策も含めて、多様な政策を組み合わせた総合的な対策を行なっていかなければならない。

（「子供の貧困対策　一人ひとりが日本の未来を支えていくために」『国際問題』二〇一六年十二月号）

また、子どものソーシャルインクルージョン（社会的包摂）にも目を向ける必要があります。加藤さんは「子ども食堂」や「学習支援」に注目し、子どもに居場所を与える事業を充実すべきと説きます。

日本から子供の貧困をなくすには、国や地方公共団体による支援はもちろんのこと、こうした子供たちを孤立させない民間の取り組みが欠かせない。地域の大人たちが子供たちに寄り添い包摂する環境を作っていくことが重要である。

（前掲『国際問題』二〇一六年十二月号）

## 「働き方改革」を主導、賃上げを重視

加藤さんは一億総活躍担当相として、安倍政権が進める「働き方改革」を主導しました。まずは長時間労働の是正。そして、同一価値労働同一賃金の導入。さらに、非正規の処遇を改善し、不合理な待遇格差を是正することで中間層を分厚くすることを目指しました。そ

のことで消費を拡大し、経済の好循環を促進するというのです。
日本は十五歳から六十五歳の「生産年齢人口」が一九九〇年代から減り続けてきました。しかし、近年、就業人口が増えています。それは女性と高齢者の働く人の数が増えたからです。

女性と高齢者が働くことができる環境をさらに整えていけば、まだまだ働きたいという思いを持っている方が多くおられるわけですから、就業人口をさらに増やしていくことができる素地がある、と言うことができます。

（「働き方改革が日本の未来を拓く」『中央公論』二〇一六年十二月号）

さらに重要なのは、ワークライフバランスをとりやすくすること。勤務時間を短くすれば、自己研鑽《けんさん》やリフレッシュに充てる時間が増加し、イノベーションが起きやすくなると述べます。そのために、テレワークを推進し、通勤時間を減らすことが目指されます。また、これまで労働市場に出てきていなかった人たちの参入によって、多様な人材が参加するようになり、結果、生産性が向上すると主張します。

一人一人が働きやすい、多様性を持った社会にすることで労働参加率も上がっていくなかで、少子高齢化という問題に真正面から立ち向かい、人口減少という隘路《あいろ》から抜け出していく。

（前掲『中央公論』二〇一六年十二月号）

加藤さんが訴えるのは、賃上げの重要性です。賃上げによって消費を拡大させ、経済の好循環をもたらすというのが狙いです。

神津・連合会長との対談では、春闘への期待を口にしています。

今回の春闘には期待するところ大なんですよ。連合には連合のお考えがあるかもしれませんが、我々は上の方が高ければ、下も引っ張ってくれるんじゃないかと思っています。そうしてトータルとして賃金が上がっていく。経営側にもお願いしていますし、ぜひ実現していただきたい。これがなければ経済自体が動いていかないと思っています。

（神津里季生氏との対談「働き方と社会保障の改革は「党派」を超えて」『新潮45』二〇一六年五月号）

賃金は、大企業だけ上がればいいのではない。中小企業の賃金も上げるためには「取引関係の中で適正な取引をやっていただく」ことを要請しなければならないと言います。連合の神津会長は、いくつかの留保をしながらも「ものの考え方としては、加藤さんとの間で一致しているところも多々あると思いますよ」と認めています。

## 一貫して消費税増税

一方、消費税については、一貫して一〇%への増税を主張しています。二〇〇九年には社会保障費の増加を支える財源として、消費税増税が不可避とし、「スウェーデンのように各党が共通認識を持ち、議論していく必要があり、超党派で協議する場を早急に作るべきです」と民主党政権に呼びかけていますす（「超党派協議の場を設置し財源も含めて真摯に議論を――加藤勝信氏（自民党厚生労働部会長）に聞く」『週刊社会保障』二〇〇九年十一月二日号）。

二〇一一年にも「消費税は、当面10%」として、財源を確保すべきと明言。「消費税の議論から逃げては何も解決し得ないことは明らかです」と言い、民主党政権に消費税増税を迫っています（「財源なくして高齢者医療の見直しなし」『週刊社会保障』二〇一二年一月三日号）。

近年も基本的には一〇％への増税という主張は変わっていません。二〇一八年一月には「「社会保障の充実」は、予定どおり消費税率10％への引上げによる増収分を活用して実施する考えに変わりはありません」と明言しています（「持続可能な社会保障制度へ　医療・介護は財源を確保」『社会保険旬報』二〇一八年一月十一日号）。

消費税増税は、消費のブレーキとなり、景気に大きな打撃を与えます。消費の拡大を促進しながら、消費税増税にこだわる姿勢には、様々な異論があるでしょう。

## 価値をめぐる政治スタンスを見せず

以上、見てきたように、加藤さんの特徴は「リスクの社会化」というヴィジョンにあります。これらの政策については、自民党内で最も詳しい政治家のひとりであり、具体的な実行の中核を担ってきた当事者でもあります。

一方で、加藤さんのもうひとつの特徴は、夫婦別姓やLGBTの権利問題、歴史認識問題などの「価値」をめぐる政治課題について、ほとんど関心を示さない点にあります。

前述のとおり、彼は安倍さんを中心とする右派グループ「創生『日本』」に加わっており、民主党政権時代、この会の座談会で次のように発言しています。

なぜ、日本社会にとって、国民にとって、夫婦別姓が本当に必要なのか。なぜ外国人参政権を与えなければならないのか、という根本的な問題に民主党は答えていません。

（「暴走内閣を阻止せよ！――「創生日本」大座談会」『WiLL』二〇一〇年七月号）

この発言を受けて、稲田《いなだ》朋美《ともみ》衆議院議員は「夫婦別姓は左翼だから、外国人参政権は民団が選挙で応援してくれたから、でしかない」と発言し、座談会は民主党を選挙のために国を売る左翼集団と認識する方向に収斂《しゅうれん》していきます。この座談会には安倍さんも出席し、辛辣な左翼批判を繰り返しています。

ここで加藤さんは、安倍さんや稲田さんに呼応するかたちで、部分的に右派パターナリズム的発言をしていますが、基本的には抑制的で、積極的な価値観の表明を行っていません。他の場所でも、管見の限り、価値観をめぐる問題に積極的にコミットしている発言は見られません。

外交・安全保障問題についても、極端に発言が少なく、物足りなさは否めません。憲法についても、加藤さんの総合的な見解を知ることは難しく、不安が残ります。首相を目指すのであれば、今後、価値の問題についてのスタンスを、明確にする必要があるでしょう。

## 安倍的パターナリズムから脱却できるか

さて、加藤さんの位置づけを確認してみたいと思います。

縦軸は「リスクの社会化」に置くことができると思いますが、横軸は発言自体が限定されているため判断がつきません。よって、ⅠとⅡの間の縦軸上に置くしかないと思います。

最大の問題は、加藤さんが安倍さんの右派的・父権的価値観に対して、どのような見解を有しているかです。仮に、価値観を共有しているとなると（つまり第I象限に位置づけられるとなると）、「リスクの社会化」路線も、危うい側面が露出してきます。

例えば、彼が担当した「女性活躍推進」政策ですが、パターナルな家族観を土台とすると、女性に対する負担が膨大なものになり、活躍どころか、疲弊してしまうことは明らかです。

家では家事・育児・介護を担い、社会では労働人口不足を補うために目一杯仕事をする。母として、妻として、そして労働者として、なんでもかんでもこなすことを要求される。そんなパターナルな「女性活躍推進」は、社会の疲弊を一層加速させてしまうでしょう。

加藤さんの課題は、安倍的パターナリズムから距離をとることができるかどうかにかかっています。加藤六月さんの娘婿となったことで、安倍家と家族ぐるみのつき合いとなり、これまでは安倍晋三さんに引き立てられるかたちで、有力政治家としてのポジションを築いてきました。

そんな安倍首相に対して、どこまで距離をとり、自らのヴィジョンを打ち出すことができるのか。価値観をめぐる問題について（特に家族観や歴史認識をめぐって）、異なるスタンスを明示できるのか、否か。

それが加藤勝信という政治家に課せられた、重要な課題でしょう。「安倍晋三の有能な部下」から脱却できるかどうかに、注目していきたいと思います。

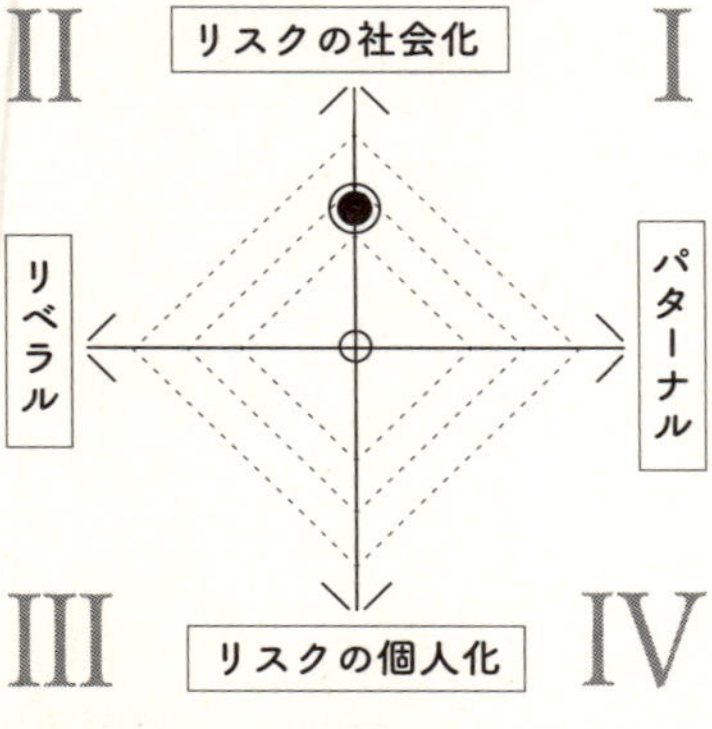


◎価値をめぐる政治課題にほとんど関心を示さない
◎外交・安全保障問題、憲法についての発言が少ない
◎党内で「リスクの社会化」政策について最も詳しいひとり

〈8〉

# 小渕優子

財政再建とセーフティネット

# 小渕《おぶち》優子《ゆうこ》

衆議院議員。自民党。群馬県第5区。当選7回。1973年12月11日生まれ。群馬県出身。血液型A型。

1996年、成城大学経済学部経営学科卒業、東京放送入社。1999年、衆議院議員秘書。2000年、衆議院議員初当選。2006年、早稲田大学大学院修了、文部科学大臣政務官。2008年、内閣府特命担当大臣（少子化対策・男女共同参画・公文書管理・青少年問題・食育）。2010年、自民党人事委員長。2011年、自民党幹事長代理。2012年、財務副大臣（第2次安倍内閣）。2013年、衆議院文部科学委員長。2014年、経済産業・産業競争力・原子力経済被害・原子力損害賠償・廃炉等支援機構担当大臣（第2次安倍改造内閣）。

2015年10月20日、群馬で記者会見

## 小渕元首相が溺愛した娘

経済産業大臣だった二〇一四年に政治資金規正法違反を問われ、大臣を辞任した小渕優子さん。選挙以外では華やかな表舞台から遠ざかっていますが、竹下派では依然として首相候補の本命と言われています。本格始動となると、一気に注目が集まるでしょう。

小渕さんは一九七三年生まれ。父親は第八十四代内閣総理大臣の小渕恵三さんです。彼女は三人きょうだいの末っ子で、子どもの時から活発な性格だったと言います。

そんな彼女を父は溺愛します。幼稚園の時は、家族で食卓を囲むと、「わたくしは、ごしょうかいいただきましたおぶちゆうこです」と復唱させました。そんな父を小渕さんは愛し、小学生の時には、すりむいた足に父が貼ってくれた絆創膏を丁寧にはがして宝箱に入れていました。長い髪を櫛でといて、ポニーテールにするのは父の仕事。ふたりの相互愛は、成人してからも続きます（秋山訓子「現代の肖像 衆議院議員小渕優子」『アエラ』二〇一〇年八月十六日号）。

成城大学卒業後、ＴＢＳに入社。就職から二年後、情報番組「はなまるマーケット」の

ADの時（一九九八年）に、父が首相に就任します。

仕事の合間に官邸を訪ねると、父はワイシャツ姿のまま疲れ果ててマッサージチェアで寝ていました。「最近、ベッドで寝ることがない」と心配する母を見て、父を近くで支えなければならないという使命感を抱きます。そして、TBSを退社。父の秘書になりました。

政治家になって以来沖縄との関係が深かった父は、サミットを沖縄で行うことを決め、二〇〇〇年夏の開催に向けて準備に入りました。小渕さんは海外からの賓客を迎えるためにも留学経験が必要と考え、二〇〇〇年一月から半年の予定でイギリス滞在を始めました。

そんな時、父が脳梗塞で緊急入院します（二〇〇〇年四月二日）。小渕さんは一報を受け、急遽帰国するのですが、パリで入手した日本語の新聞の「脳こうそく」「病状深刻」「集中治療室」という文字が目に入り、ド・ゴール空港で膝を抱えて四時間、泣き続けたと言います（小渕優子「『凡人宰相』小渕恵三倒る」『文藝春秋』二〇〇四年四月号）。

帰国後、病室での看病が始まるのですが、父の意識は戻りません。首相は森喜朗さんにバトンタッチされ、解散総選挙が近づいていました。父の後援会からは、意識の戻らない父に代わって、親族が立候補するように促されます。「姉はおとなしいし、兄貴も人前が好きなタイプじゃない」（林真理子、小渕優子「マリコのここまで聞いていいのかな（二五六）――ゲスト小渕優子（衆議院議員）」『週刊朝日』二〇〇五年三月十一日号）。結果、末っ子の小渕さんに白羽の矢が立ち、立候補を決断しました。親族会議で立候補を宣言した二日後、父は息を引き取ります。二〇〇〇年六月の衆議院議員総選挙に群馬５区から出馬し、十六万票以上を獲得して初当選。この時、弱冠二十六歳でした。

小渕さんはとんとん拍子で出世し、二〇〇八年九月に発足した麻生内閣では、内閣府特命の男女共同参画、少子化対策担当大臣に就任します。三十四歳九ヶ月での大臣就任は戦後最年少でした。民主党政権時代の野党を経験したあと、二〇一二年十二月に発足した第二次安倍内閣では財務副大臣に就任。衆議院文部科学委員長を経て、二〇一四年九月には経済産業大臣・内閣府特命担当大臣（原子力損害賠償・廃炉等支援機構）に抜擢されます。しかし、自らの政治資金問題で辞任。順調な政治家人生が一転し、厳しい批判にさらされました。

しかし、選挙にはめっぽう強く、逆風のなかでも勝利を続け、二〇一七年八月に党組織運動本部長代理に就任。党要職に復帰しました。

## セーフティネットの充実による少子化対策

政治家・小渕優子の中核的な政策は、男女共同参画や少子化対策にあります。小渕さんは二児の母親で、子育てと議員生活を両立させてきました。その体験が、政治家としての活動に直結しています。

そもそも、女性の政治家が任期中に妊娠・出産をすることは、父権的な風潮の強い永田町では、タブーとされてきました。二〇〇〇年に橋本聖子《はしもとせいこ》さんが現職国会議員としてはふたり目の出産をするのですが、妊娠発表後、産休を認めるか否かが議論となり、一部から激しいバッシングが起こりました。しかし、出産による本会議欠席を承認する参議院規則改正が行われ、実質的な国会議員の産休制度がスタートします。小渕さんの出産はその数年後だったため、まだ国会内での理解が浸透している状態ではありませんでした。

小渕さんは、小泉内閣の郵政民営化法案採決を棄権したことから、「しばらく役職を干され」たのですが、二〇〇六年に文部科学政務官に就任し、「メジャー復帰」します。しかし、その直後に妊娠がわかり「ショック」を受けたと言います。「さあこれからだと思った矢先」だったため、様々な活動ができなくなると思い、「恐怖」を味わいました（「永田町ガールズは政治を変えるか」『世界』二〇一〇年十一月号）。

しかし、この出産・子育てが小渕さんの政治家人生を切り拓いていきます。早朝に起床し、家事をこなしてから子どもを保育園に連れて行く。日中は政治活動に従事し、夜になってお迎えに行き、帰宅してまた家事をこなす。そんな子育てと仕事の両立に悩むひとりのワーキングマザーになった時、これまで距離があった同世代の女性たちから共感を集め、政治家としてのライフワークを獲得します。

とにかく衆議院議員のなかに子育ての当事者がほとんどいない。有識者会議にも子育て世代が入っていない。だから、当事者の声が届かない。

朝起きて子どもの世話をし、保育園に送ってから職場へ、という仕事を持つ女性ではごく当たり前のことが、永田町だとものすごい少数派なんです。少子化、生活、介護、これからすべての政策で女性がポイントになって、しかもこの時代、倍のスピードで考えていかなければいけないのに、国会には女性議員が一割しかいない。

（前掲『世界』二〇一〇年十一月号）

そのような問題意識を強めていた時、小渕さんに大きな仕事が与えられます。麻生内閣での少子化対策・男女共同参画担当大臣就任でした。

一九九九年に男女共同参画社会基本法が成立しますが、これを行ったのは小渕政権でした。十年後に担当大臣に就任したことを、小渕さんは運命と捉えます。

彼女は少子化対策に乗り出します。ここでぶつかった壁が、若者の未婚化・晩婚化という問題でした。「これまでの少子化対策は、すでに結婚し、子どもを産んだ人への支援が中心」で、目立った成果につながっていませんでした。問題は、結婚したくてもできない人たちの存在。まずは、結婚のチャンスに恵まれず、仕事を懸命に頑張っているうちに、気づいたら適齢期を過ぎていたというケースが目立っていました。この背景には、地縁・職縁・血縁が機能しないという社会の変化・コミュニティの崩壊がありました。にもかかわらず、各個人の努力が足りなくて、結婚できないと思い込んでいる人が多く、結婚をめぐる自己責任論が加速していました。小渕さんは、この自己責任論に懐疑的で、行政が主体となった結婚支援を進めます（「Interview 内閣府特命担当大臣（少子化対策・男女共同参画）小渕優子」『週刊ダイヤモンド』二〇〇九年八月一日号）。

さらに、問題は若者の雇用問題に行き着きます。九〇年代以降、非正規雇用が増加し、安定した収入がないために結婚に踏み切れない人が多く出てきました。一方で大学などの学費が値上がりし、就学時の奨学金ローンの返済に悩まされるなど、若年層の経済的負担が大きいという現実があります（勝間和代、小渕優子「対談 勝間和代の変革の人（第十一回）少子化問題の困難——正直限界感じてます 大臣としてどう発信するか悩んでます」『アエラ』二〇〇九年四月六日号）。

ここで小渕さんが提唱するのが、セーフティネットの充実です。ひとり親家庭への支援、子どもの貧困防止など経済支援の必要性を訴えると共に、保育所の充実や医療費負担の軽減など、育児と仕事が両立できるような環境整備を重視しました（小渕優子、清宮龍「対談 政党自身が機能を果たせ——今の政治に思う」『世界と日本』二〇一〇年七月十五日号）。

現代社会において、二十代後半から三十代の女性は働き盛りです。そんな時期にキャリアか子育てかを二者択一しなければならない社会はおかしい。それが自らの体験から導き出された問題意識でした（青木保、小渕優子「文化の交差点 青木保・文化庁長官対談（第二十一回）ゲスト小渕優子さん——内閣府特命担当大臣 未来を見据え、世界に羽ばたく」『文化庁月報』二〇〇九年四月号）。

なぜ、子育ては女性だけの仕事とされてしまうのか。子育てにみんなが関わるべきではないか。そんな思いが、少子化対策は母子福祉政策ではないという主張につながり、男性を含めた働き方の見直しへと展開していきます。

家事・育児への男性参加が不可欠であるにもかかわらず、男性の働き方が一向に変わらないため、子育てや家事に参加できないという現実があります。まずは、そこを変えなければならない。長時間労働の弊害を是正しなければならない。

小渕さんの特徴は、自民党のなかにあって、子育て問題を家族のあるべきかたちという規範に回収しない点です。とにかく家族の多様性を認める。「母親はこうあるべき」といった父権的イデオロギーによって子育て問題を語ることを拒否し、ジェンダーバイアスを解消していく。この姿勢は大臣を退いたあとも続き、小渕さんのライフワークとなっていきました。

## 財政再建を主張、消費税増税もやむなし

小渕さんの関心は、少子化対策などに必要な財源問題に向かっていきます。父は首相時代に赤字国債発行による公共事業を推し進め、「世界一の借金王」と自嘲しました。小渕さ

んは財政再建の必要性を痛感し、父が成し遂げられなかった課題に向かっていきます。

小渕さんは持続可能で、かつタフな経済社会をつくっていかなければならないと説き、そのためには消費税増税もやむなしとの見方を提示します。

しっかりとした財政再建の道筋をつける必要があるのではないかと思っています。日本は福祉社会を構築していかなければならないのですから、福祉を充実させるのであれば絶対に財源は必要なわけで、その財源をいかに構築するか。

（前掲『世界と日本』二〇一〇年七月十五日号）

一方、二〇一三年十月にはアベノミクスの成果を全国に波及させるための「日本を元気にする国民運動」実施本部長に就任し、アベノミクスの代弁者として広告塔的な役割を担いました（「巻頭インタビュー「日本を元気にする国民運動」実施本部 小渕優子本部長 好循環実現へ 日本を元気に！」『りぶる』二〇一四年五月号）。

この安倍内閣に対する献身的な功績が評価され、経済産業大臣の座をつかむことになったのですが、就任後たった一ヶ月で政治資金問題によって辞任することになり、道半ばに終わりました。
小渕さんに残された課題は、アベノミクスに含まれる新自由主義的な側面と福祉政策の充実を両立する論理を提示することであり、そのなかで財政再建を実行する道筋を示すことでしょう。経済政策については具体性がなく、主張を統合する論理性も希薄です。

## 夫婦別姓を推進、リベラルな価値観

次に価値観の問題について見ていきましょう。小渕さんは、二〇〇二年、「夫婦の別姓を実現させる会」の活動に参加し、様々なところで選択的夫婦別姓制度の導入に賛成する見解を示しています。自らの結婚の際には、夫が「小渕」姓になることで、小渕ブランドを守りました。林真理子さんとの対談では、二〇〇五年当時、入籍せずに事実婚をとっていた野田聖子さんとの考え方の違いを問われて、次のように答えています。

事実婚にしてもよかったんですけど、私はできるだけいま整っている法の中で認めてもらえる形をとろうと思ったんです。聖子先生とは一緒に夫婦別姓に取り組んでるんですけど、年が一回り違うので、割り切り方に違いがあるかもしれませんね。
（前掲『週刊朝日』二〇〇五年三月十一日号）

選択的夫婦別姓制度へのスタンスに見られるように、小渕さんの姿勢は、多様性の尊重に向けられます。自民党が政権交代によって野党になった時代、小渕さんは自民党転落の原因を、多様化する時代の変化に対応できなかったことにあるとみなし、世代交代や女性参画を進めていかなければならないと説いています。

自民党は選挙のことばかり考えて、多様な意見が吸い上げられない。目先のことばかり議論して、中長期的なヴィジョンが描きにくい。そんな不満を率直に述べています（前掲『世界と日本』二〇一〇年七月）。

以上のような小渕さんの主張をまとめると、Ⅱのタイプの政治家だと言うことができるでしょう。少子化対策・子育て政策を中心にセーフティネットの充実を訴える姿勢からは、「リスクの社会化」指向を見出すことができます。選択的夫婦別姓への賛同や多様性尊重の姿勢からは「リベラル」指向を見出せます。

ただし、内容が薄い。自らの体験に基づく男女共同参画・少子化対策・子育て政策については、確かに説得力があります。ヴィジョンも明確で、政策にも具体性があります。しかし、それ以外の分野では、力強い主張が展開されておらず、首相候補と見なすには、まだまだ経験も知識も不足しているように見えます。

政治資金問題から約五年。この間、表舞台ではあまり発信しておらず、いかなる研鑽・勉強を重ねて来たのかがわかりません。時間的余裕を持つことができたこの間にどれだけの蓄積がなされたのかが、小渕優子という政治家の今後に直結するでしょう。

そろそろ本格始動といわれるなか、発言や発信に注目していきたいと思います。ここで政治家として成長した姿を見せることができるか否かが、小渕さんの命運を左右することになります。

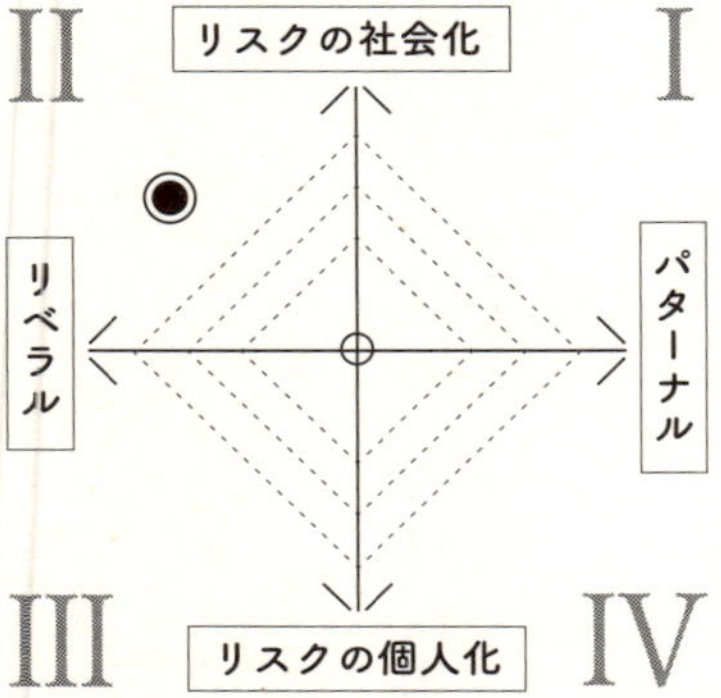


◎男女共同参画・少子化対策・子育て政策に説得力
◎リベラル志向だが、内容が薄い。経験と知識が必要
◎新自由主義と福祉政策を両立する論理の提示が課題

〈9〉

# 小泉進次郎

「自助」の限界

# 小泉《こいずみ》進次郎《しんじろう》

2018年9月14日、党本部の討論会

衆議院議員。自民党。神奈川県第11区。当選4回。1981年4月14日生まれ。神奈川県横須賀市出身。血液型AB型。

2006年、コロンビア大学大学院修了、米国戦略国際問題研究所研究員。2007年、小泉純一郎衆議院議員秘書。2009年、衆議院議員初当選。2012年、自民党青年局長。2013年、内閣府大臣政務官兼復興大臣政務官（第2次安倍内閣）。2015年、自民党農林部会長。2017年、自民党筆頭副幹事長。2018年、自民党厚生労働部会長。

## 横須賀育ち、体育会系の気質

将来の首相候補と言われる小泉進次郎さん。父は言わずと知れた小泉純一郎元首相です。自民党の若手でありながら、時に安倍政権に対して大胆な批判的見解を述べ、地方遊説では圧倒的な人気を集めています。一方、これほど注目されるホープでありながら、どのような考え方の政治家なのかは、国民にあまりよく知られていません。各地での演説でもキャッチーなワンフレーズばかりが取り上げられるため、いかなるヴィジョンを持った人物なのか、判然としないのではないでしょうか。

それもそのはず。小泉さんは、自らの考えをまとめた書籍を一冊も出版していません。ノンフィクションライターが彼の言葉を集めたものや、自民党の福田《ふくだ》達夫《たつお》代議士との対談（田﨑史郎《たざきしろう》『小泉進次郎と福田達夫』二〇一七年、文春新書）は出版されていますが、自ら書いた本はありません。自分の考えをまとめた論文やレポートなども皆無に等しいため、なかなか全体像がつかみづらいという特徴があります。本章では、小泉さんが様々な媒体で語ったインタビュー記事などを基に、彼の思想とヴィジョンを明らかにしていきます。

小泉さんは一九八一年、横須賀生まれ。兄・小泉孝太郎《こいずみこうたろう》（俳優・タレント）の三歳下の二男です。生まれて間もなく両親が離婚したため、純一郎元首相の実姉・道子《みちこ》さんに育てられました。小泉さんが生まれた時、父は既に政治家（九年目）で、横須賀を地盤としていました。小泉さんは、身近に米軍基地が存在する環境で育ち、政治家になってからも米軍へのシンパシーを語っています。

小学校入学から大学卒業まで関東学院に通い、中学・高校では野球部に所属しました。ここで彼は「徹底した上下関係」を経験します。先輩が言ったことは、間違っていても「はい」と言わなければならず、頼まれたことは断らない。この時身についた行動原理が、政治家になってから生かされていると言います。

たとえ、それが理不尽な要求であろうと、あの上下関係のなかで耐え抜いてきたというか、あの上下関係を学んできたということは、私は政治の世界にまだ半年ちょっとですけれども、体育会系で生きていなかったら、いろんな悩み、また理不尽な感じに対して、もっとストレスを感じていることが多かっただろうと思うんです。

（「小泉進次郎が初めて語る　わが青春、わが自民党」『ＷｉＬＬ』二〇一二年九月号）

あとで見るように、このマッチョな根性主義が彼の基本姿勢であり、政治ヴィジョンや人間観にも反映されます。

## アメリカでジャパンハンドラーから影響を受ける

小泉さんという政治家を分析する際、非常に重要なのは大学卒業後に経験した約三年間のアメリカ留学です。彼はコロンビア大学大学院に進学し、日本政治を専門とするジェラルド・カーチス教授のもとで学びました。この時代に一定の英語力を身につけ、自らの考えを人前で話す技術も習得します。そして、非常に重要なのが、留学三年目に所属したCSIS（戦略国際問題研究所）での経験です。

この機関はワシントンDCにあるアメリカ陸海軍直系のシンクタンクで、日本外交に多大な影響力を持ってきたリチャード・アーミテージなどが理事を務めてきました。小泉さんが所属していた時の日本部長はマイケル・グリーン。ブッシュ政権のNSC（国家安全保障会議）上級アジア部長です。小泉さんは、ここでジャパンハンドラーズの代表的人物とつながり、影響を受けます。彼らは日本の有力政治家と接触し、自らの利益にかなう方向へと誘導することで知られます。小泉さんの外交・安全保障観は、親米を軸に構想されています。

あとで述べるように、父と同様、アメリカの意向に沿うような構造改革・規制緩和路線を基調としています。この姿勢はＣＳＩＳでの経験を抜きに考えることはできないでしょう。帰国後、小泉さんは父の秘書を務め、選挙基盤を受け継ぐかたちで、二〇〇九年衆議院選挙に出馬します。

## 民主党政権に対抗し「自助」を強調

この選挙は、自民党にとって大変な逆風でした。小泉内閣のあと、安倍内閣・福田内閣が短命に終わり、世のなかではリーマンショックによる貧困・格差が大問題になっていました。自民党のとってきた新自由主義路線が、厳しい批判にさらされます。

さらに厳しかったのは、自民党のなかから激しい世襲批判が出ていたことです。その代表格が菅義偉さんで、選挙に向けて「世襲制限論」を訴えていました。

民主党による政権交代への期待と自民党批判。そして世襲批判。小泉さんは、いきなり逆境に立たされます。選挙中には足を踏まれたり、ペットボトルを投げられたりしたといいます。時には名刺を目の前で破られ、演説中に「うるさい!」「世襲反対」と野次られました。小泉さんの耳には、様々な罵詈雑言が耳に入り、「いちいちへこ」んだといいます(前掲『WiLL』二〇一二年九月号)。

結果、小泉さんは当選したものの、自民党は惨敗を喫し、民主党による政権交代が実現します。小泉さんは野党議員として、政治家人生をスタートすることになりました。

政治家・小泉進次郎が、与党・民主党を批判するという構図で幕を開けたことには、重要な意味があります。彼はセーフティネット強化(=「公助」)や新しい公共・社会的包摂(=「共助」)を強調する民主党への対抗から、「自助」を優先すべきことを強調しました。

まずは自らが自らを助けるという「自助」が基本の国づくりをして、それでもダメだったら、民間と一緒になって「共助」というものを築いて、それでもまだ足りないところを「公助」で国がしっかり面倒を見るというものです(小泉進次郎、田﨑史郎「小泉進次郎 初ロングインタビュー『自民党はまだ野党のままでいい』」『文藝春秋』二〇一〇年十二月号）。

二〇一〇年二月二十七日に群馬県安中市《あんなか》で行った演説では、次のように述べています。

「民主党の国づくり。『皆さん、何をしてほしいですか？ あれもやりますよ。これもやりますよ。何をしてほしいか言ってください。お金はあとから見つけます』――こういう政治。

じゃあ、自民党はどういう国づくりをしたいのか。あれもやりたい。これもやりたい。でもそれをやるためには、皆さんの努力が必要なんです」

（松井和志《まついかずし》「小泉進次郎、かく語りき――『マニフェストこそ事業仕分けせよ』」『新潮45』二〇一〇年五月号

さらに彼は「ほどほどの努力ではほどほどの幸せもつかめない」と言います。もはや日本は、多少の努力では、発展できない。「一生懸命頑張って、何とか成長できる」状態になっている。とにかく死に物狂いでがむしゃらに頑張らなければならない。そう主張します（前掲『文藝春秋』二〇一〇年十二月号）。

彼の矛先は、同世代に向けられます。最近の若者は草食系と言われ、内向き志向だとされ

ます。自動車も特に欲しくない。海外でバリバリ働きたいわけでもない。国内でそこそこの仕事をして、安定した生活を楽しみたい。そう望んでいる若者が多いとされますが、小泉さんは、そんなことでは幸せなどつかめないと力説します。

もっと頑張らなければならない。命がけで仕事などに取り組まなければならない。

ここに現れる基本姿勢に、体育会系の部活経験やアメリカへの単身留学体験が反映されていると言えるでしょう。自らの努力と成功体験への自負心が、民主党批判と相まって、「自助」を強調する政治ヴィジョンにつながっている。これが、彼のベーシックな特徴です。

## 原発へのあいまいな態度、父は「郵政」息子は「農協」

二〇〇九年十月、小泉さんは人気と演説力を買われ、自民党遊説局長代理に就任します。そして、二〇一〇年七月の参議院選挙で党の勝利に貢献すると、同年九月に遊説局長に昇格しました。

さらに二〇一一年十月には、若手の登竜門である党青年局長に抜擢され、局内に「チーム・イレブン」を立ち上げました。彼は足繁く被災地に通い、復興支援に力を入れます。自民党が政権に復帰し、安倍内閣がスタートすると、二〇一三年九月に青年局長を退任し、内閣府大臣政務官（経済再生、経済財政、環太平洋経済連携協定〈TPP〉等担当）兼復興大臣政務官に就任。自民党の震災復興に対する姿勢をアピールする役割を担いました。

問題は原発政策です。小泉さんの基本姿勢は、原発推進ではありません。むしろ将来的に原発をやめていくという方向性を打ち出しています。しかし、いつまでにどのようなプロセスで脱原発社会を実現するのかという具体策については、示されていません。この点は、脱原発を鮮明に打ち出している父より、かなり慎重であいまいです。

小泉さんは二〇一五年十月に党の農林部会長に就任します。これは若手の彼にとっては大役であり、かつ極めて困難なポストでした。この頃の自民党は、TPP問題で各地の農家から反対姿勢を明確にするよう、突き上げられていました。しかし、アメリカとの関係を重視する安倍政権は、TPPを推進。自民党内でねじれが生じていました。

小泉さんは、一貫してTPPを推進してきました。二〇一一年十一月、当時の谷垣禎一《たにがきさだかず》・自民党総裁が、TPPについて「アメリカと組みすぎて中国やアジアをオミット（排除）するのはよくない」と発言すると、小泉さんは「耳を疑う」と切り返し、露骨に反対を表明しました。ここにはアメリカのジャパンハンドラーズからの影響があるのかもしれません。

そんな彼が、TPPに抵抗する農業者対策の部会長に就任したことで、世間から大きな注目が集まりました。小泉さんは、TPPによって日本の農家が被害を受けるのではなく、むしろ農産物を海外に売るチャンスが増えると捉え、TPPに負けない国際競争力をつけた農業を目指すべきと訴えました。

一九九三年のウルグアイ・ラウンド（自由貿易の拡大、多角的貿易の促進を目指して行われた通商交渉）への対策は、農家へのばらまきでした。しかし、今回はその逆をやらなければいけないと言います。補助金によって農業を過剰に守るのではなく、競争原理を働かせることで強い農家を作ることがポイントだと主張しました（小泉進次郎、金山隆一「独占インタビュー　小泉進次郎　自民党農林部会長　農林中金はいらない　農業の〝護送船団〟を改革する」『エコノミスト』二〇一六年二月二日号）。

ここから小泉さんの農業に対する構造改革へのチャレンジが始まります。

父の小泉純一郎元首相は、郵政民営化に徹底的にこだわりましたが、小泉さんは「農協」の改革にメスを入れることになります。この両者はパラレルな関係にあると言っていいでしょう。小泉さんが一貫して目指したのは、持続可能で「儲かる農業」です。農業を補助金によって守るのではなく、むしろ成長産業にすることでグローバル化時代に対応しようと考えました。

ここで小泉さんは、農家に対して「農業経営者」という視点を持って欲しいと訴えます。日本においては「アグリカルチャー」と「アグリビジネス」は一体化しておらず、経営的視点が欠如しています。常にアグリカルチャーが強く、アグリビジネスはおまけという位置づけで、民間資本が農業分野へ参入することを警戒し続けてきました。

しかし、小泉さんは「カルチャーとビジネスは敵味方ではない」と言い、両者が一体化した発展の道を模索すべきだと強調します。そして、企業の農業への参入を積極的に推奨し、その環境づくりこそ国の仕事だと論じました（「本誌独占インタビュー！　小泉進次郎が挑む「農政改革」三つの公約」『週刊ダイヤモンド』二〇一六年二月六日号）。

彼は、「すべての農家を守ろうとして、すべての農家を守れなかった」という加藤紘一さんの言葉をたびたび引用し、農家への横並び政策を批判します。日本の農業では、誰かひとりだけ飛び抜けることは許されず、競争よりも協同が重視されます。その結果、農家は消費者のほうを向かず、ニーズに応えることができていない。重要なのは、生産者起点の農政から消費者起点の農政へと転換を図ること。そうすることで、高品質の食品をつくり、世界と勝負する。世界市場で稼げる体制を築き、ブランド力をつけていく。

このような「攻めの農業」を確立することで、地方に稼げる仕事をつくることが可能となり、人口減少に歯止めをかけることになる。農業法人の経営をあと押しし、従業員として就職する人を増やす。これこそが真の地方創生政策であると、小泉さんは主張します。

しかし、このような「儲かる農業」を阻害する存在があると言います。小泉さんがターゲットとしたのが農協でした。

彼は三つの点を改革ポイントとして挙げ、農協への厳しい姿勢を明示します。

まず第一点目が「農業機械・肥料・農薬・ダンボールなどの生産資材が高い」という点です。地方によっては、農業機械などを農協から買うよりもホームセンターで購入するほうが安く、農協を介することで、結果的に生産コストが上がってしまいます。そのため、農協の寡占状態を解体し、価格競争という市場原理を導入することで生産資材価格を引き下げる必要がある。これが小泉さんの主張です。

二点目は「農業金融」の改革です。小泉さん曰く、JAグループの農林中央金庫は九十兆円を超える貯金残高を持っており、規模でいえば三つのメガバンクの次（四番目）に相当します。しかも内部留保が多い。にもかかわらず農業融資に回っているのは〇・一％で、日本の農業振興に寄与していない。「ならば農林中金なんて要りません」「農業金融を見直して、本当に必要としている農家に資金が届くように整備したい」（前掲『週刊ダイヤモンド』二〇一六年二月六日号）。

この農林中金解体論は、小泉純一郎元首相の郵政民営化政策と重なる点が多くあります。背後にあるのは、どちらもアメリカの存在です。債務国に転落したアメリカは、海外に貯蓄された富を狙い、アメリカに還流させる政策をとってきました。そこでターゲットとされたのが「ゆうちょマネー」であり、「農協マネー」です。

この「農林中金解体論」は、さすがに強引で、無理筋だったのか、小泉さんの認識不足が次々に指摘されると、一気にトーンダウンしていきます。

三点目は、流通・加工の構造改革です。小泉さんが強調したのは、市場価格の乱高下に振り回されないよう「定価販売」できる商品をつくることでした。農家は農作物の生産だけでなく、食品加工や流通販売も行うことで、経営体力を強化することができます。ここにも農家に対して経営者になるよう促す姿勢が反映されています。

このような農協改革は、最終的にJA全農（全国農業協同組合連合会）の株式会社化の推進へと収斂《しゅうれん》していきます。しかし、JA全農は、これを断固拒否。対立が先鋭化します。

ＪＡ全農は「自己改革案」を提示し、資材調達に競争入札などを取り入れるスキームの構築や直販を拡大するスキームを提示しますが、これは改革ポーズをとっているだけのアリバイづくりと言われ、小泉さんの改革案を骨抜きにするものでした。

結果、小泉さんは具体的な成果をほとんど上げることができず、二〇一七年八月に部会長を退任します。農業ジャーナリストの土《ど》門《もん》剛《たけし》さんは「ニヘマ」の連続」と酷評し、農協を悪者に仕立て上げたことで、改革が頓挫した点を厳しく批判しています（土門剛「農林部会長としては未熟　小泉進次郎「対全農戦争」で敗れた真相」『ＴＨＥＭＩＳ』二〇一七年二月号）。

小泉さんの農業の構造改革は、最終的に党内をまとめることができず、大きな挫折を味わうことになりました。

## 「アベノミクスは時間稼ぎに過ぎない」――東京五輪後を見据える

小泉さんが農政改革と並行して挑んだのが、社会保障改革でした。

彼は二〇一四年の時点で「アベノミクスは時間稼ぎに過ぎません」と明言し、二〇二〇年の東京オリンピック・パラリンピック後に、様々な問題が日本に襲いかかってくると述べています。ポイントは人口減少と社会保障の問題。このままでは、財政が行き詰まり、福祉政策が立ちゆかなくなってしまうと危機感を表明しています（瀧本哲史《たきもとてつふみ》、小泉進次郎「東大生を前に瀧本哲史と語った日本の最優先課題　白熱90分！　小泉進次郎」『プレジデント』二〇一四年六月十六日号）。

問題は二〇一六年参議院選挙前（二〇一五年十二月）に起こりました。

この時、安倍政権が補正予算を組み、低所得の高齢者向けに三万円の給付金を配ることを決めました。財務省は子育て支援についてこれまで「財源がない」と言い続けてきたにもかかわらず、高齢者には三千六百二十億円もの高額の予算があっさり計上されました。野党は「選挙対策のばらまき」と反発しますが、小泉さんもこれに同調し、「次世代に向けた社会保障」になっていないと安倍内閣を批判しました。

当時の政調会長は稲田朋美さん。彼女は小泉さんに対して、補正予算を実施する代わりに、党内で次世代の社会保障のあり方を検討する場を設けることを提案し、「２０２０年以降の経済財政構想小委員会」が立ち上がります。小泉さんは事務局長に就任し、社会保障問題に取り組むことになりました。

小泉さんは、社会保障をめぐる財政の厳しさを強調します。年金や医療の保険料を負担する現役世代が減少する一方、高齢者が増加することで支払額が膨張。近年は団塊の世代が六十五歳を超え、医療費の拡大ベースが上昇しており、財政は厳しくなるばかりです。

この現象は、若年層ほど支払損となり、世代間格差が拡大することにつながります。若者は割を食い、現役世代が搾取されるかたちになります。そうなると、当然、若年層の未払いが増加し、将来の年金の支払いのために貯めた積立金の取り崩しが避けられない状況に陥ります。

小泉さんは現在を「株式会社日本の第二創業期」と位置づけ、認識の転換を迫ります。とにかく、今の社会保障は『全世代型』社会保障になっていない」。「あまりにも高齢者を優遇しすぎてい」るため、「若い世代が受益者になっていない。子育て支援などにお金が回らず、少子化がますます進んでしまう。これではいけない」（小泉進次郎、小林《こばやし》史明《ふみあき》、村井《むらい》英樹《ひでき》「小泉進次郎氏ら自民党・若手議員が激論　高齢者優遇の是正へ、社会の『原則』を変える」『日経ビジネス』二〇一七年五月一日号）。

小泉さんは、「15歳から64歳までを現役世代と見なすのをやめる」ことを提案します。六十五歳以上としていた高齢者の定義を改め、現役世代の上限を引き上げることで、収入のある年配層に負担してもらう。そんな訴えを行いました。

## 「人生100年時代の社会保障へ」

そこで、小委員会によってまとめられたのが「人生100年時代の社会保障へ」という提言でした。ここでは主に三つのポイントが示されています。

第一が「勤労者皆社会保険制度」の導入。正規・非正規に関わらず、企業で働くすべての労働者が社会保険に加入できるようにするというものです。

第二は「人生100年型年金」。年金支給開始年齢を柔軟に選択できるようにし、働いている間は保険料を納入する。七十歳を超えて働ける人は、支給を遅らせることが可能となるとしています。

第三は「健康ゴールド免許」の導入。健康管理・維持に努めた人の保険料負担を軽減することで、医療費を削減しようとするものです。

これに加えて、二〇一七年三月には「こども保険」の導入が提案されました。企業と勤労者から集める社会保険料を〇・一~〇・五%上乗せし、これを財源として現行の児童手当に月額五千円~二万五千円増額して支給するというものです。

これによって幼児教育・保育の実質無償化を図ることが目的だったのですが、一方で自民党は、同時に「教育国債」発行を検討するプロジェクトチームを設置し、「こども保険」と並行して議論が進むことになりました。

小泉さんは「教育国債」に強く反発します。国債は恒久財源ではない。これ以上、国債を増やすわけにはいかない。財政再建を進めなければならない。

ここで小泉さんは「自助」の限界にぶつかります。「共働き世帯が増え、地域社会の絆が希薄になるなかで、子育てを親と家族の自助だけに委ねるのはもはや限界です」。結局、自助にも共助に頼ることが難しい。親・家族・コミュニティだけでは、子育てを担うことができない。だったら「社会全体で温かく子育てを支えていかなければならない」。「公助」によって、子育て支援をしなければならない。そう主張します（田村憲久《たむらのりひさ》、木原誠二《きはらせいじ》、小泉進次郎「「こども保険」が必要だ：教育国債はありえない、消費税では遅すぎる」『文藝春秋』二〇一七年七月号）。

これに対しては、小泉内閣・第一次安倍内閣のブレーンでもあった経済学者・高橋洋一《たかはしよういち》さんが財政再建を優先しようとする財務省の策略にはまっていると批判しています。

高橋さんは、「こども保険」を「偽装増税」と批判し、「教育国債」を阻止したい財務省の思惑が働いていると警告します。「子育て支援について税金を財源にしたいが、税金では世間の反発があるので、保険料に名前を変えて国民から徴収することがバレバレになってしまう。保険の名称にしたのは、日本人の保険好きを悪用したのだろう」。「財務省としては「教育国債」を「こども保険」で相打ちにして、自民党を「増税」に持っていきたいのだろう」（高橋洋一「財務省が小泉進次郎を使い「偽装増税」を仕掛けた　自民党若手議員の「こども保険」提言には巧妙なトリックが」『ＴＨＥＭＩＳ』二〇一七年五月号）。

## リスクの個人化に軸足を置き格差・貧困を是正

小泉さんは、価値の問題についてはどのような傾向性を持っているのでしょうか。彼の特徴は、歴史認識や選択的夫婦別姓問題などについて、極力、明言を避けている点です。

二〇一四年、二〇一七年の衆議院選挙の際に実施された「朝日・東大谷口研究室共同調査」では、無回答。管見の限り、雑誌インタビューなどでも、ほとんど言及がなく、語っていても極めて限定的で、立場を鮮明にしていません。

靖国神社には毎年八月十五日に参拝していますが、その理由についても突っ込んだ言及はありません。

小泉さんの関心は、もっぱら社会保障や農政の構造改革に向けられており、価値の問題に積極的な関心を示していません。首相候補としての歩みを進めるのであれば、スタンスをそろそろ明確にすべき時期でしょう。

では、小泉さんを位置づけてみたいと思います。

小泉さんは、競争原理を重視し、「自助」を強調することから、縦軸は「リスクの個人化」傾向を示していると言えるでしょう。一方で、価値の問題については不明瞭なため、「どちらでもない」中間に位置づけるしかありません。

よって、彼の位置はⅢ～Ⅳの中間（縦軸上）ということになります。これは父・小泉純一郎元首相と、概ね同じ立ち位置です。両者は多少の政策的相違点がありますが、大きく分けると同じタイプの政治家だということができるでしょう。父の新自由主義路線によって生じた格差・貧困の問題を、「リスクの個人化」に軸足を置きながら是正していくというのが、小泉さんの基本姿勢ということができると思います。

農政改革での挫折。なかなか政権に採用されない社会保障の提言。小泉さんの経験不足・

実績不足は否めません。

得意とする分野が偏っていることも気になります。外交・安全保障面では、アメリカだけでなく、アジア諸国との人的ネットワークも構築しなければなりません。インドとの関係はＣＳＩＳ時代から継続的に構築していますが、まだまだ国際的人脈も偏りがあるように見えます。経済政策についても、明確なヴィジョンやスタンスを示すことができておらず、不安がつきまといます。

評価できるのは、日本全国を遊説・視察で回り、多くの人の生の声に触れてきている点です。そのなかで「自助」の限界を理解し、被災地や過疎地で苦境に立たされている人の姿を目にしてきたことは、政治家としての幅を広げることにつながっているでしょう。

小泉さんがやるべきことは、自らの総合的ヴィジョンを整理し、本を書いてみることではないでしょうか。政治家になって十年という節目ですので、具体的な総理候補とみなされる次の十年に向けて、不得意分野を埋めていく作業が必要になると思います。

今の小泉さんに必要なのは、個別的に追求してきた政策を統合する総合的知の獲得です。

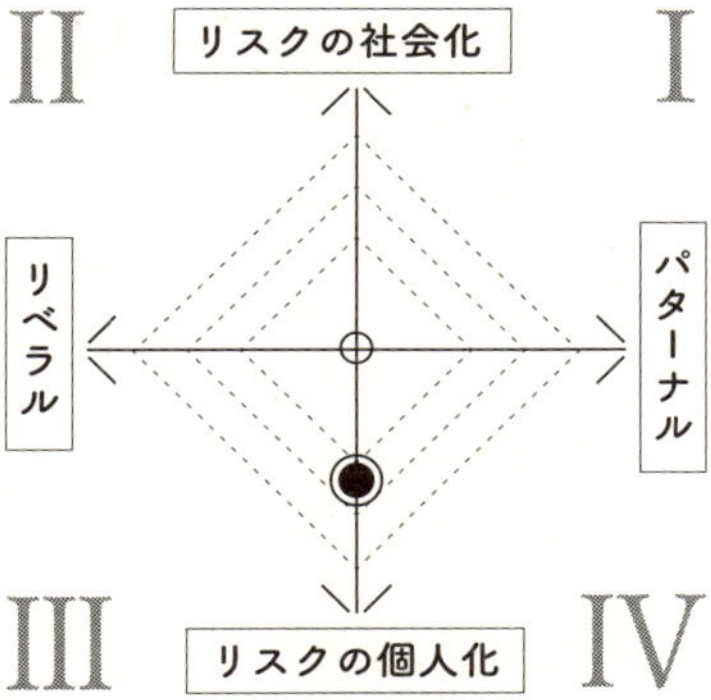


◎競争原理を重視し、自助を強調。リスクの個人化
◎価値の問題については不明瞭。父・純一郎と同じ立ち位置
◎外交・安全保障面がアメリカに偏る。経済政策が不明瞭

# おわりに

## ——私たちは何を選択するべきか

### 保守本流はⅠとⅡの融合体だった

現在の自民党の有力議員九人について、そのヴィジョンや政策を見てきました。最後に、彼ら・彼女らの歴史的な位置づけを行っていきたいと思います。

自民党の保守本流といわれた流れは、基本的に「中道保守」路線にありました。その中核を担ったのは、田中派→経世会《けいせいかい》→平成研《へいせいけん》（平成研究会）で、一九七〇年代以降、田中角栄《たなかかくえい》・竹下登《たけしたのぼる》・橋本龍太郎・小渕恵三といった首相を輩出してきました。これを支えたのが宏池会。七〇年代以降、大平正芳・鈴木善幸《すずきぜんこう》・宮沢喜一が首相になりました。

田中角栄さんは「リスクの社会化」を推し進めた政治家でした。一九七三年に田中政権が打ち出したのは「福祉元年」というスローガンです。老人医療費の無料化（七十歳以上の高齢者の自己負担無料化）、高額療養費制度の導入、健康保険の被扶養者の給付率の引き上げ、年金の給付水準の大幅引き上げ、物価スライド・賃金スライドの導入など、社会保障の大幅な制度拡充が進められました。

この背景には、経済成長による人手不足で、農村から都市に人口流入が続き、地方の自民党支持票が減るという現象がありました。急増した都市労働者によって社会党支持票が増え、一九六七年にはマルクス経済学者の美濃部《みのべ》亮吉《りょうきち》が東京都知事選に勝利しました。各地では革新自治体が誕生。田中はこの自民党の危機に対して、都市労働者への再配分拡充・福祉充実を進め、自民党の支持基盤を都市部にも構築しようとしました。

さらに力を入れたのが、「列島改造」という社会基盤整備でした。都市の過密を解消し、地方の発展を促進するため、都市と地方を結ぶ鉄道網や高速道路網を整備し、工業を地方に分散させようとしました。当然、公共工事は拡大します。財政支出はどんどんと膨れ上がっていきました。

この田中政治は、典型的な利益誘導政治であり、金権腐敗を伴っていました。業界団体との癒着構造や農村ヒエラルキーを基盤とした「不透明な再配分」が行われ、時に裏金が飛び交いました。田中角栄自身もロッキード事件の当事者として糾弾され、政権崩壊に追い込まれていきます。

田中角栄さんの盟友として七〇年代政治を牽引したのが、宏池会の大平正芳さんです。彼はリベラル保守の政治家で「田園都市国家構想」や「環太平洋連帯構想」など、中長期的なヴィジョンを打ち出し、新たな時代の構想を提示しました。田中派がⅠの傾向が強かったのに対し、宏池会はⅡの傾向を示していました。田中派と宏池会のタッグによる保守本流路線は、基本的にⅠ・Ⅱの融合体であり、「リスクの社会化」を基調としていました。

## 「小さな政府」論の登場

しかし、七〇年代は世界的な変化に直面した時期でもありました。第一次オイルショックによって先進諸国が低成長化することになり、税収が減少します。さらに急激な高齢化・少子化が進むと、社会保障の抑制が説かれるようになりました。

保守本流勢力は、税収の問題に直面します。経済成長の成果によって再配分が可能だった時期はよかったのですが、それが難しくなると、拡張した福祉制度や公共工事を支えるための増税が必要になってきました。そこで彼らが取り組んだのは、消費税の導入でした。

田中角栄も大平正芳も消費税導入を目指しますが、うまくいきません。最終的に、これを実現したのは、田中に代わって経世会を立ち上げた竹下登さんでした。

一九八〇年代に入ると、財界や大蔵省が福祉抑制を指向していきます。一九八一年に発足した第二次臨時行政調査会は「増税なき財政再建」や「日本型福祉社会論」を提唱し、「小さな政府」路線による社会保障制度の見直しを求めました。その結果、一九八二年に老人保健制度が創設され、患者本人の一部負担導入などが進められます。一九八五年には基礎年金制度が導入され、給付水準が引き下げられていきました。

この「リスクの個人化」傾向が、自民党の中で勢力を獲得したのが中曽根康弘内閣でした。中曽根さんは国鉄・電電公社・専売公社の民営化を実行し、社会福祉予算の抑制を行いました。ただし、中曽根内閣によって新自由主義が導入されたというのは言いすぎでしょう。「リスクの社会化」から「リスクの個人化」にシフトするひとつの起点となったことは事実ですが、まだまだ再配分機能は手厚いものでした。

八〇年代後半から九〇年代初めになると、政治改革が盛んに叫ばれるようになりました。リクルート事件や東京佐川急便事件など、様々な汚職事件が社会問題化すると、利益誘導型の再配分政策が厳しい批判にさらされます。

問題は、この政治改革路線が、「再配分の透明化」ではなく「再配分の縮小」へとつながっていったことです。政官財の癒着構造によるパターナルな再配分が批判され、政治資金規正法の大幅改正などが進められたのですが、同時に「不透明な再配分の公正な制度化」が進められるのではなく、再配分そのものを縮小していこうとする流れが支配的になっていきました。

そのなかで出てきたのが、橋本龍太郎内閣による行政改革です。一九九七年には「公共工事のコスト縮減対策に関する行動指針」が関係閣僚会議で策定され、翌年には行政改革推進本部の下に規制緩和委員会が設置されます。さらに中央省庁等改革基本法が成立し、大胆な省庁再編が進められました。

この「リスクの個人化」路線は、簡単に定着したわけではありません。次の小渕恵三内閣では、「福祉重視」を掲げる公明党と連立を組んだことから、一転して財政出動に舵を切り、一人二万円の「地域振興券」の配布や、公共工事の拡大などが進められました。小渕首相は自ら「世界一の借金王」と語り、橋本内閣の修正を行いました。九〇年代後半の自民党は、「リスクの社会化」と「リスクの個人化」がせめぎ合い、拮抗状態のなかで推移していきます。

## 新自由主義（Ⅲ）から日本型ネオコン（Ⅳ）へ

このせめぎ合いに終止符を打ったのが小泉純一郎内閣でした。小泉構造改革は、急進的で明確なⅢの新自由主義路線です。橋本内閣がコンセンサスを重視しつつ、「リスクの個人化」を進めたのに対し、小泉内閣は独断型で対立をあおる手法によって、Ⅲの路線を断行していきました。

小泉さんはⅠ・Ⅱの路線を「古い自民党」とラベリングし、「自民党をぶっ壊す」と叫ぶことで、ポピュリズム的人気を獲得しました。彼は「リスクの社会化」を唱える人たちを「抵抗勢力」と名づけ、逆に自らを「改革勢力」と位置づけることで、世論を誘導していきました。

ただし、小泉さんは価値観の問題には関心を示さず、憲法改正などにも手をつけようとしませんでした。靖国神社への参拝が問題になりましたが、これも右派的なイデオロギーに基づいて行ったというよりも、総裁選挙の際に日本遺族会会長だった橋本龍太郎さんから票を奪うために、靖国参拝を公約としたプラグマティックな理由があったとされています。そのため、小泉政権は価値観の問題には積極的に手をつけないという「消極的リベラル」路線をとったⅢタイプの政治だったと位置づけることができます。

これをⅣの路線に引き込んでいったのが、第一次安倍晋三内閣です。安倍さんについては第1章で詳しく述べたので、繰り返しませんが、極めて強い右派イデオロギーの持ち主で、関心を示した政策の中心が縦軸ではなく、横軸にありました。ここに日本型ネオコンタイプの政権が誕生することになります。

ただし、このⅣの路線は、第一次安倍内閣が短命に終わったことから、一時的に瓦解します。代わって成立した福田康夫内閣は、「パターナル」から「リベラル」へ、「リスクの個人化」から「リスクの社会化」へという揺り戻しを指向しました。しかし、この内閣も短命に終わり、麻生太郎内閣が誕生します。

麻生内閣はリーマンショックに端を発する世界金融危機に直面し、格差・貧困問題が噴出したことから、「市場原理主義からの決別」を宣言します。彼は「中福祉・中負担」を訴え、与謝野馨《よさのかおる》財務・金融・経済財政相と連携しながら大幅な財政出動を行いました。一方で、価値観の側面では「真正保守再生」を掲げ、パターナル路線への逆戻りが顕著になりました。

二〇〇九年、民主党への政権交代が実現します。民主党はⅡの路線を実行しようとしますが、財源問題などで躓《つまず》き、国民の期待に応えることができませんでした。

この時期の自民党を率いたのは谷垣禎一総裁でした。谷垣さんは宏池会出身で、Ⅱの路線を指向している政治家でした。そのため、民主党政権との差異を打ち出すことに苦労し、やがて求心力を失っていきました。

一方、党内で声が大きくなってきたのは、民主党との対決姿勢を明確にするⅣのタイプの政治家でした。彼らは「新憲法の制定」を強硬に唱え、「日本国憲法改正草案」を作成します。その内容は極めてパターナルで、多くの批判が投げかけられました。谷垣総裁は、この憲法草案作成によって党内のパターナリズムのガス抜きをしようとしたのですが、結果的に第二次安倍内閣の素地を形成し、自らの立場を掘り崩していくことになりました。

そして、第二次安倍内閣が成立。Ⅳの政治が再び登場し、長期政権化します。福田↓麻生↓谷垣と続いた修正路線は勢力を縮小させ、自民党のネオコン化が加速しました。

## 首相候補者たちのマッピング

ここで歴史的な推移と現状をまとめておくことにしましょう。

自民党の基調は図1のように推移してきました。途中、何度かの揺り戻しがありましたが、小泉政権により「リスクの個人化」が確立され、安倍内閣によって「パターナル」路線が強化されました。小泉・安倍両政権の長期化が自民党の揺らぎを阻止し、ⅢからⅣへという流れが確立されました。

図2を見てみましょう。本書で取り上げた九人の政治家をマッピングしたものです。有力政治家の対立軸は、基本的にⅢ vs Ⅳというところにあり、「リスクの個人化」傾向が強いことがわかります。

ただし、かつての保守本流の立場であるⅡも存在します。セーフティネットの再構築を指向し、選択的夫婦別姓に賛同するリベラル保守勢力も一定数存在します。

注目すべきは、Ⅱの路線に位置づけられる政治家が、ふたりとも女性である点です。男性中心社会において、女性はマイノリティです。国会は今でも圧倒的な男性社会です。そ

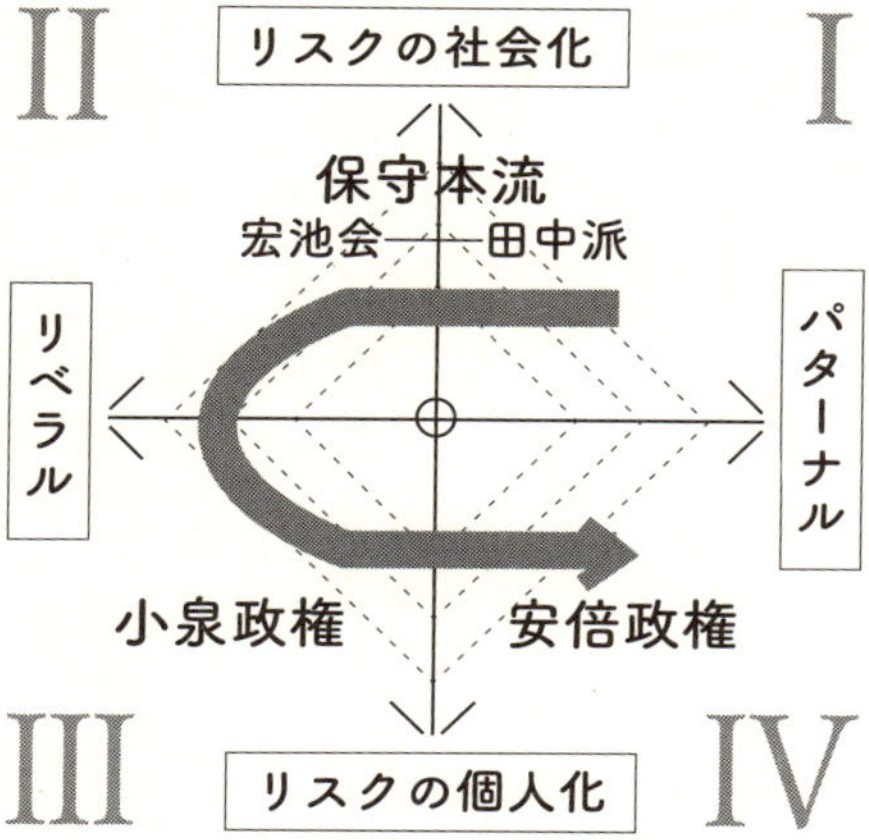
II
リスクの社会化
I
保守本流
宏池会——田中派
リベラル
パターナル
小泉政権
安倍政権
III
リスクの個人化
IV

図1

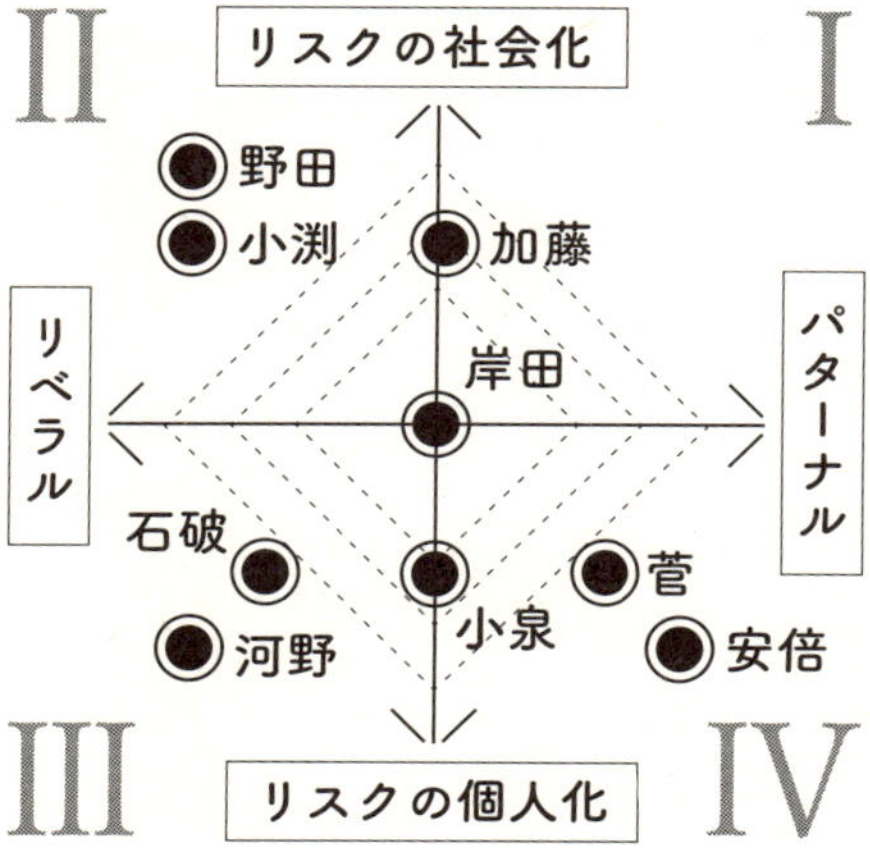
II
リスクの社会化
I
野田
小渕
加藤
岸田
リベラル
パターナル
石破
菅
小泉
河野
安倍
III
リスクの個人化
IV

図2

のようななか、野田聖子さんと小渕優子さんは政治活動と子育てを両立し、様々な苦労を体感してきた政治家です。その経験が、少子化問題への取り組みや選択的夫婦別姓の推進に向かわせ、Ⅱの路線を追求する姿勢につながっています。この点は重要なポイントだと思います。

ただし、このふたりが自民党のなかで中核的な地位を築いているかというと、そうではありません。野田さんは総裁選挙に出馬する意思を示しながら、二十人の推薦人を集めることができず、出馬断念に追い込まれました。Ⅳの勢力から遠ざけられ、挽回するほどの勢力を獲得できていません。小渕さんも政治資金問題の痛手が大きく、今のところ中核から外れています。

一方、「リスクの社会化」を指向している（ように見える）加藤勝信さんと岸田文雄さんですが、安倍首相に接近することで地位を獲得してきたプロセスがあるために、現政権に対するオルタナティブなヴィジョンを掲げるまでには至っていません。やはり「リスクの社会化」を指向する人たちよりも、「リスクの個人化」を指向する人たちのほうが、首相候補としては有力視されています。

現在、首相候補者として取り上げられている人たちは、初当選からかなりの年月が経った中堅・ベテラン議員です。初当選の年を見ていくと、九人の中で最も古いのが石破さんで一九八六年。次に安倍さん、野田さん、岸田さんが同じ一九九三年。河野さんと菅さんが一九九六年。小渕さんが二〇〇〇年。加藤さんが二〇〇三年。いちばん議員在職年数が短い小泉さんが二〇〇九年です。この人たちが自民党の候補者として公認を受けた時の党中枢部は、その多くが保守本流によって担われていました。そのため、現在の中堅以上の議員のなかには、一定の多様性があります。

しかし、安倍さんが二〇一二年九月に二度目の自民党総裁に就任してから初当選した議員には、Ⅳの傾向が強く見られます。安倍総裁のもとで戦った衆議院選挙は二〇一二年十二月、二〇一四年十二月、二〇一七年十月の三回。安倍チルドレンの一～三回生議員が占める割合は、自民党衆議院議員全体の四割にもなります。この若手議員たちは、右派的イデオロギー色が強く、自己責任論が基調となっている特徴があります。

彼ら・彼女らがメンバーとして中心となっている若手タカ派の勉強会「文化芸術懇話会」では、講師に招いた作家の百田尚樹さんから「沖縄の二つの新聞はつぶさないといけない、あってはいけないことだが、沖縄のどこかの島が中国に取られれば目を覚ますはずだ」という発言が飛び出しました。これに連動して複数の所属議員が「マスコミを懲らしめる」

ために、スポンサーに圧力をかけるべきという発言を繰り返し、問題になりました。

現在、安倍政権の長期化によって、若手議員の「リスクの個人化」「パターナル」傾向が加速しています。この層の議員たちが中堅・ベテランになる時期の自民党は、Ⅳタイプの政党としてまとまる可能性が高いでしょう。

## 野党の戦略

このような自民党に対抗するために、野党がとるべきポジションは明確です。「リスクの社会化」「リベラル」を指向するⅡのタイプを選択するしかありません。

これまで見てきたように、Ⅱは宏池会のようなリベラル保守が担ってきたゾーンで、必ずしも左翼的立場に限定されたものではありません。むしろ保守本流が担ってきたゾーンです。

しかし、自民党内では、Ⅱのタイプは減退化しています。だったら、このゾーンを野党が担い、国民にⅣとは異なるオルタナティブな選択肢を提供すべきです。

野党が目指すべき路線は、リベラル保守と社会民主主義の連帯によるⅡの結集です。これに共産党を加えた連立を見据え、選挙協力を行うことで、政権交代を実現していく必要があります。

現在の共産党の主張は、ＴＰＰ反対、中小企業の保護などに見られるように、かつての保守本流の政策に近似しています。共産党と組むことで野党が左傾化するという懸念がありますが、むしろ共産党の政策と呼応することによってリベラル保守の路線を確立できる可能性があります。

小選挙区制において、野党が政権交代を実現するために取るべき戦略は、野党が手を結ぶことに加えて、与党第一党を切り崩すことです。つまり、自民党からの離脱者を生み出し、協力することで、多数派を構成していくことが求められます。

自民党内で、Ⅱのゾーンの政治家が居場所を失った場合、切り崩しの対象とみなす戦略的リアリズムも必要ではないでしょうか。

## 政治家にとって言葉とは何か

自民党の有力政治家の書いた文章の分析を通じて、現代日本政治のマトリクスを描いてきました。私たち有権者は、自らの考えがⅠからⅣのどのタイプなのかを考え、それと合致する政治家や政党を選ぶ必要があります。茫漠としたイメージや話題性に流されるのではなく、政党・政治家の本質を見極め、賢い選択をすることが求められています。

一方で、文章化された言葉だけで政治家を選べばいいかというと、そうではないと思います。言葉は常に生き方や態度に裏打ちされたものでなくてはなりません。いくらリベラルな政策を提示していても、立場の弱い人に対してパターナルな態度をとるような政治家は信用に値しないでしょう。

私の曽祖母は、小学生の私が「誰に投票したのか」と尋ねると、ひと言「男前」と答えました。彼女が言った「男前」とは「イケメン」のことではありません。政治家として信用ができる「顔つき」をしているのかを判断してきたと言っているのです。つまり、人生経験を踏まえた人間判断をしたと言うのです。

これは大切なことだと思います。私たちは、駅前に立って演説している政治家の横を何気なく通り過ぎていますが、実は目の端でしっかりとチェックしています。一緒にいる運動員にエラそうな態度をとっていないか、いい加減な姿勢で話をしていないか。そんなことを、さっとチェックしています。

これは自分の人生経験を通じた人間判断です。間接民主制において重要なことは政策やヴィジョンに加えて、国会での議論を任せるに足る人物なのかどうかを判断することです。政治の仕事では政策立案などの「テクニカル・ナレッジ」(技術的な知)よりも、合意形成のための人間的な「プラクティカル・ナレッジ」(実践的な知)のほうが重要な意味を持つ——。イギリスの保守派を代表する政治哲学者マイケル・オークショットは、そう述べています。私たちは選挙において、ヴィジョンと人物の総合的な判断をしなければなりません。

最後に言っておきたいのは、政治家が政治家であろうとする動機についてです。かつての自民党政治家のなかには、社会的に苦しい立場から這い上がってきた人が一定数存在し、弱者や地方に対する社会的再配分に心血を注いでいました。この人たちには、政治家であることの意味が自明でした。何をやりたくて政治家をやっているのかが明確で、その目的実現のためには手段を択《えら》ばないという人が大勢いました。確かに泥沼の権力闘争や金権政治が横行するという問題がありましたが、それぞれの政治家の信念は、自らの生き方に裏打ちされており、信用に足るものでした。

しかし、近年の政治家には、政治家であることの切実な動機づけがみられないという傾向があります。ここには世襲という問題もあるでしょう。実際、取り上げた九人のうち、菅さん以外は全員、親族が政治家という人たちです。

ただ、一概に世襲制を批判することも控えるべきだと思います。野田さんのように、自らの不妊治療・出産のプロセスで切実な問題にぶつかり、政治家として取り組むべき人生の課題を獲得した議員もいます。小渕さんにとっての子育ても同様でしょう。繰り返しになりますが、男性中心社会において女性は厚い壁にぶつかることが多く、政治家であることの意味が政策・ヴィジョンに直結するケースが多いという特徴があります。この点でも女性政治家の活躍は、現代日本政治において必要不可欠です。

選挙の際には、「価値とリスクのマトリクス」を使って自らの立場を確認し、それに合致する政党・政治家を選ぶことが重要です。Ⅳの立場を強めていく自民党をどう見るのか、それとは異なる選択肢を求めていくのかは、私たち有権者に委ねられています。

本書をひとつのきっかけとして、政治家の理念・ヴィジョンのマッピングを行い、これからの日本のあるべき姿を考える流れができてくれればと願っています。政治を軽視したり、冷笑したり、侮ってはいけません。「どのような社会を生きたいのか」という人生観と直結するのが、政治なのですから。

＊

本書を出版するにあたっては、朝日新聞社・WEBサイト『論座』に連載の場を与えていただきました。担当していただいた鮫島浩さんに心から感謝いたします。引き続き『論座』では「中島岳志の『野党を読む』」を連載させていただいています。いつも的確なご意見を下さる鮫島さんに頼ってばかりですが、今後ともよろしくお願いいたします。

また、本書で使用した文献収集に際しては、東京工業大学付属図書館のライブラリアンの皆さんに、大変なご尽力をいただきました。東京工業大学に赴任した際には、図書館に文系の図書・雑誌が乏しく、これで研究をやっていけるのだろうかと不安になりましたが、そんな不安を吹き飛ばしてくださったのがライブラリアンの皆さんでした。全国の図書館とのネットワークを駆使し、指定の文献をスピーディーに集めていただいたおかげで、理工系大学に所属することのビハインドを軽く乗り越えることができました。改めて御礼を申し上げたいと思います。

スタンド・ブックスの森山裕之さんとは『保守と立憲』に続き、二冊目の出版となりました。親友であり信頼する編集者である森山さんと仕事をご一緒できる喜びをかみしめています。また、デザインを担当いただいた矢萩多聞さんにも心からお礼を申し上げたいと思います。装丁をお願いした本はこれで何冊目になるのか、もうよくわかりませんが、これからも末永くよろしくお願いいたします。

中島岳志

## 初出

『WEBRONZA』(現『論座』)
webronza.asahi.com (朝日新聞社)
「中島岳志の『自民党を読む』」
(1)石破茂　二〇一八年九月二日
(2)野田聖子　二〇一八年十月二日
(3)安倍晋三　二〇一八年十一月四日
(4)河野太郎　二〇一八年十二月二日
(5)岸田文雄　二〇一九年一月六日
(6)加藤勝信　二〇一九年二月二日
(7)菅義偉　二〇一九年三月三日
(8)小泉進次郎　二〇一九年四月七日
を大幅に加筆、修正、再構成しました。はじめに、第8章、おわりには、本書のための書き下ろしです。
＊現在『論座』にて、本書の続編「中島岳志の『野党を読む』」を連載中です(二〇一九年五月〜)。

写真提供：朝日新聞社


## 中島岳志(なかじま・たけし)

一九七五年大阪生まれ。大阪外国語大学卒業。京都大学大学院博士課程修了。北海道大学大学院准教授を経て、現在は東京工業大学リベラルアーツ研究教育院教授。専攻は南アジア地域研究、近代日本政治思想。二〇〇五年、『中村屋のボース』で大佛次郎論壇賞、アジア・太平洋賞大賞受賞。

著書に『ナショナリズムと宗教』、『インドの時代』、『パール判事』、『朝日平吾の憂鬱』、『保守のヒント』、『秋葉原事件』、『「リベラル保守」宣言』、『血盟団事件』、『岩波茂雄』、『アジア主義』、『下中彌三郎』、『親鸞と日本主義』、『保守と立憲』、『超国家主義』、『保守と大東亜戦争』などがある。

# 中《なか》島《じま》岳《たけ》志《し》
# 自《じ》民《みん》党《とう》
## 価値とリスクのマトリクス

二〇一九年六月二十一日　初版発行

編集発行者……森山裕之
発行所……株式会社スタンド・ブックス
〒一七七―〇〇四一　東京都練馬区石神井町七丁目二十四番十七号
電話〇三―六九一三―二六八九　FAX〇三―六九一三―二六九〇
stand-books.com

STAND BOOKS

装丁・レイアウト……矢萩多聞
印刷・製本……中央精版印刷株式会社

 ISBN 978-4-909048-05-9 C0031